A Ironia e o Irônico

Coleção Debates
Dirigida por J. Guinsburg

Equipe de realização – Tradução: Geraldo Gerson de Souza; Revisão: Vera Lúc Beluzzo Bolognani e Valéria Cristina Martins; Produção: Ricardo W. Neves Sergio Kon.

# d.c. muecke
# IRONIA E O IRÔNICO

PERSPECTIVA

Título dos originais em inglês
*Irony and the Ironic*
Copyright © by 1970 and 1982 D. C. Muecke

CIP-Brasil. Catalogação na Publicação
Sindicato Nacional dos Editores de Livros, RJ

M917i
    Muecke, D. C., 1919-
    Ironia e irônico / D. C. Muecke ; tradução Geraldo Gerson de Sousa. - 1. ed. - São Paulo : Perspectiva, 2008.
    136 p. ; 21 cm. (Debates ; 250)

    Tradução de: Irony and the ironic
    ISBN 9788527303606

    1. Ironia na literatura. 2. Literatura - História e crítica. I. Sousa, Geraldo Gerson de. II. Título. III. Série.

18-52272                                                                                                         CDD: 809.918
                                                                                                            CDU: 82.09

Meri Gleice Rodrigues de Souza - Bibliotecária CRB-7/6439
29/08/2018 03/09/2018

Direitos reservados em língua portuguesa à

EDITORA PERSPECTIVA LTDA.

Av. Brigadeiro Luís Antônio, 3025
01401-000 São Paulo SP Brasil
Telefax: (11) 3885-8388
www.editoraperspectiva.com.br

2019

*A Barbara Wall
condiscípula*

# SUMÁRIO

Prefácio da Segunda Edição .................................... 11
Agradecimentos ..................................................... 13

1. Introdução ......................................................... 15

    *Orientação* ........................................................ 15
    *O Irônico e o Não-Irônico* ................................. 18
    *Num Corpo-a-Corpo com a Ironia* ..................... 22

2. A Evolução de um Conceito .............................. 29

    *Os Primeiros Conceitos de Ironia* ..................... 29
    *Conceitos de Ironia Posteriores* ........................ 34

3. A Anatomia da Ironia ........................................ 51

    *Características Básicas* ..................................... 51
    *Características Variáveis* .................................. 71

4. A Prática da Ironia ............................................. 77
   *Ironia Verbal* ...................................................... 77
   *Ironia no Teatro* ................................................. 87
   *Ironia na Ficção* ............................................... 107

Bibliografia ............................................................ 125
Índice .................................................................... 131

PREFÁCIO DA SEGUNDA EDIÇÃO

A mudança de título se destina apenas a assinalar o fato de que, com as exceções do subcapítulo intitulado "Os Primeiros Conceitos de Ironia" e uns poucos parágrafos aqui e ali, a presente obra constitui menos uma revisão de minha obra antiga nesta série do que uma obra totalmente nova.

*D. C. Muecke*

## AGRADECIMENTOS

O autor gostaria de agradecer ao Prof. Leslie Bodi, da Monash University, o que tem sido mais de vinte anos de associação ironológica amigável e útil.

O autor e editores gostariam de agradecer a autorização para reproduzir material de *copyright*:

Martin Esslin e *Encounter* por "A Solução" (Bertolt Brecht, trad. Martin Esslin, junho de 1959).

# 1. INTRODUÇÃO

*Orientação*

"Quando tudo o mais falhar, leia as instruções." Estas palavras, impressas numa lata de tinta, mostram que a ironia desempenha seu papel na vida quotidiana, um papel relativamente pequeno talvez, embora muitos outros exemplos possam ser citados. Geralmente, tal "ironia popular" não oferece grandes desafios; algo mais dissimulado ou secreto, como "pode-se ignorar as instruções", pode parecer embaraçoso, embora a mensagem seja quase a mesma. Nesta obra, daremos uma ênfase maior à ironia na literatura do que às ironias mais simples, praticadas ou observadas na vida diária. Não que a abordagem sociológica da ironia tenha de ser desinteressante: o que gostaríamos de saber é que papéis a Ironia Verbal e o reconhecimento compartilhado de situações e *happenings* irônicos representam na vida diária dos diferentes grupos sociais, e se as pessoas estão mais propensas ou menos propensas a ser irônicas, mais atentas ou menos atentas à ironia, conforme a classe e o *status* social, o grau de urbanização, a força das convicções religiosas ou políticas, a profissão, o sexo, a educação, a taxa de QI ou o tipo de personalidade. O herói de *Confessions of Zeno*, de Svevo, observa que "Os contadores são, por natureza, uma raça de animais muito inclinados à ironia". Contudo, como Svevo, para não mencionar seu herói, fizera carreira no comércio, a afirmação, se for verdadeira, pode ser irônica – mas, se for irônica, pode ser verdadeira.

"Há muito tempo venho ouvindo, na colônia inglesa de Tóquio, que o japonês não compreende a ironia (enquanto que o chinês, naturalmente, a usa o tempo todo)." Assim se expressava William Empson[1], que, na década de 1930, lecionou nas universidades japonesa e chinesa. Por outro lado, uma leitura dessultória em antologias dos clássicos chineses e japoneses (em traduções inglesas, naturalmente) pode facilmente dar uma impressão inversa: a de que os chineses são diretos e práticos com um forte senso de humor, e os japoneses são complexos, introspectivos e sofisticados. Por exemplo, a forma como foi usado o *tanka* no *Kagerō Nikki* do século X, para expressar de forma polida reprovação ou desacordo através da obliquidade da metáfora e da sugestão, parece muito próxima da ironia, embora, obviamente, apenas alguém afeito tanto à cultura japonesa quanto à ocidental pudesse dizer quão próxima ela está. Da conversa de um visitante japonês isolado, *o Goncourt Journal* (20 de março de 1884) infere que "les Japonais ont une aimable ironie, une ironie un peu à la française", "os japoneses têm uma ironia amável, uma ironia um pouco à moda francesa". Donald Levine[2] nos fala do povo amárico que pratica uma forma de poesia não muito diferente do *tanka*, na medida em que muitas vezes ele tem um significado literal e um oculto em desacordo um com o outro. E quanto mais conhecemos as culturas

1. Willian Empson, *New York Review of Boots*, 12 de junho de 1975, p. 37.
2. Donald Levine, *Wax and Gold: Tradition and Innovation in Ethiopian Culture*, Chicago, 1965.

orais, mais inclinados estamos a suspeitar que a ironia, ou algo semelhante a ela, é um fenômeno bastante difundido; mas apenas a cooperação de muitos poderia fornecer o que de outro modo seria desejável: um levantamento global mostrando quais culturas praticam a ironia, ou algo parecido, com mais amplitude, mais intensidade e mais variedade, quais estão mais atentas a situações e eventos irônicos, e quais desenvolveram conceitos de ironia de modo independente.

A presente obra compulsa apenas a cultura ocidental – de Moscou a Melbourne, via Madrid e Manhattan – e mesmo assim muita coisa é excluída. Especificamente, deixei de lado quaisquer considerações detalhadas de ironia nas artes não-verbais, em parte devido ao custo de ilustração, em parte por falta de capacidade, e em parte – isto talvez confirme a falta de capacidade – porque parece não haver meios de ironia que sejam específicos da música, da pintura, da paisagística, da arte cinética, da *patisserie* e assim por diante. A arte não-representativa só pode ser irônica talvez de duas maneiras: incongruências de propriedades formais e paródias dos clichês, maneirismos, estilos, convenções, ideologias e teorias de artistas, escolas ou períodos anteriores: "A coleção porco-espinho de painéis solares no telhado zomba da seriedade com que alguns teimosos arquitetos da baixa energia tratam estes símbolos de nossa nova fonte energética" (*The* [Melbourne] *Age*). As paródias musicais descritas no *Doutor Fausto*, de Thomas Mann, são mais complexas do que esta, mas a natureza programática de grande parte da música é que torna possível a maior complexidade. Quanto à arte representativa, o pintor irônico que pinta a si próprio pintando um autorretrato dentro de seu ateliê não é, em princípio, diferente daquele romancista cujo romance retrata a si mesmo escrevendo um romance autobiográfico. Ora, imaginemos este quadro irônico: o sujeito, um hipócrita religioso, é colocado numa atitude de devoção; numa parede está pendurado um quadro de Madalena que consegue ser ao mesmo tempo piedoso e pornográfico; e na parede oposta, colocada entre as cortinas da janela (de purpura penitencial) como a sugerir que foi omitida ou esquecida, há uma liga de senhora. Todavia, isto, embora bem feito, conseguiria o que consegue Molière nas falas que empresta a Tartufo? O que é a ironia e como ela atua; para que serve e o que vale; de que é feita e como é elaborada; como a conhecemos quando a vemos; de onde provém o conceito e para onde vai; responder a estas perguntas e a algumas outras é o intuito desta obra, em maior ou menor amplitude e dentro das limitações já indicadas.

## O Irônico e o Não-Irônico

A importância da ironia na literatura está fora de questão. Não precisamos aceitar o ponto de vista, já colocado pelo menos duas vezes em bases diferentes, de que toda arte, ou toda literatura, é essencialmente irônica – ou a concepção de que toda literatura deve ser irônica. Precisamos apenas relacionar os principais escritores cuja obra está permeada significativamente de ironia: Homero, Ésquilo, Sófocles, Eurípides, Aristófanes, Tucídides, Platão, Cícero, Horácio, Catulo, Juvenal, Tácito, Luciano, Boccaccio, Chaucer, Villon, Ariosto, Shakespeare, Cervantes, Pascal, Molière, Racine, Swift, Pope, Voltaire, Johnson, Gibbon, Diderot, Goethe, Stendhal, Jane Austen, Byron, Heine, Baudelaire, Gógol, Dostoiévski, Flaubert, Ibsen, Tolstói, Mark Twain, Henry James, Tchékhov, Shaw, Pirandello, Proust, Thomas Mann, Kafka, Musil e Brecht. Que lista comparável se poderia fazer dos escritores cuja obra não é irônica de modo algum ou o é apenas ocasionalmente, minimamente ou ambiguamente? Tal lista implica a impossibilidade de distinguir entre um interesse pela ironia como arte e um interesse pela grande literatura; um leva diretamente ao outro.

Todavia, não podemos estabelecer a importância de ser irônico sem ao mesmo estabelecer a importância de ser sério. Os ovos de ouro da ironia não poderiam ser postos com tanta abundância se não tivéssemos gansas em profusão. Assim como o ceticismo pressupõe credulidade, a ironia precisa de "alazonia", que é o vocábulo grego para fanfarronice; mas, em obras sobre ironia, é o termo reduzido para qualquer forma de autoconfiança ou ingenuidade. Dizer que a história é o registro da falibilidade humana e que a história do pensamento é o registro da descoberta recorrente de que aquilo que garantimos ser a verdade era, na verdade, apenas uma verdade aparente equivale a dizer que a literatura sempre teve um campo incomensurável onde observar e praticar a ironia. Isto sugere que a ironia tem basicamente uma função corretiva. É como um giroscópio que mantém a vida num curso equilibrado ou reto, restaurando o equilíbrio quando a vida está sendo levada muito a sério ou, como mostram algumas tragédias, não está sendo levada a sério o bastante, estabilizando o instável mas também desestabilizando o excessivamente estável. Ora, podemos considerá-la uma condição *sine qua non* da vida e repetir o que disse Thomas Mann citando Goethe: "A ironia é aquela pitadinha de sal que, sozinha, torna o prato saboroso", ou concordar com Kierkegaard em que "assim como os filósofos afirmam que não é possível uma verdadeira filosofia sem a dúvida, assim também pela mesma razão pode-se afirmar que não é possível a vida humana autêntica sem a ironia"[3].

Não se deve tomar essa frase como uma defesa da presença irônica em toda obra de arte, muito menos em todo comportamento humano, onde de qualquer modo isto não seria possível, já que, como foi observado, ovos precisam de gansas. Além disso, o não-irônico não é necessariamente alazônico; isto é, há ocasiões na vida e na arte, esperamos, em que a ironia não é exigida. Podemos dizer isso sem aceitar a firme subordinação, admitida por Kierkegaard, do irônico à esfera ética: quando Goethe, na Itália, se oferecia um deslumbrante pêssego italiano, ele sempre acrescentava um "*Körnchen Salz*", uma pitadinha de sal?

Quais são, então, as ocasiões das quais seria de esperar que excluíssemos a ironia, mesmo que fosse apenas para

---

3. Kierkegaard, *The Concept of Irony*, Trad. Lee M. Capel, 1966, p. 338.

*19*

preservar alguma variedade na vida e na arte? Em 1945, Auden escrevia:

> Posso eu aprender a sofrer
> Sem dizer algo irônico ou engraçado
> Sobre o sofrimento?
> "O Mar e o Espelho"

Espero que, no fim, ele tenha aprendido. Espero poder confiar que a vida proporcionará a todos crises de paixão das quais a ironia está afastada, nas quais não há lugar para reflexão, desinteresse ou equilíbrio. A arte também pode ser franca, isto é, não-irônica; e se isso tem maior probabilidade de ser verdadeiro no caso das artes não-verbais, podemos explicá-lo pela diferença dos meios agentes. As artes não-verbais – música, dança, arquitetura, por exemplo – apelam no primeiro caso aos sentidos e através dos sentidos. A literatura, tendo a linguagem como meio, é inevitavelmente ideativa. É claro que devemos qualificar de insignificantes tais afirmações. Qualquer frequentador de galeria de arte ou de concerto que seja bem informado sabe o quanto pode haver de crítica de arte ou de música numa natureza-morta ou numa sonata e, portanto, o quanto elas podem ser irônicas. De modo inverso, a linguagem tem seu elemento fonético ou sensorial que, na literatura, se torna "música" e pode, portanto, ser sincero. Não obstante, permanece a distinção, e são precisamente as exceções e as qualificações que provam a regra. Pois, é quando a literatura é mais musical, na poesia lírica, que, de modo geral, ela é menos irônica. E é quando uma pintura é "intelectual" ou "literária", seja ao "fazer uma afirmação", seja ao "transmitir uma mensagem", que pode ser irônica. Contudo, quando se pretende a perfeição formal ou inovação técnica ou expressão absoluta, então pode-se considerar a ironia como distrativa e intrusa.

A arte, então, é admissivelmente não-irônica quando o apelo é mais simples, mais imediato e mais absorvente, quer abordando a opacidade estética da pura sensibilidade ou da pura forma, quer abordando a transparência estética do puramente sublime, onde a intensidade de sentimento nos transporta prontamente através de e para além de toda a consciência do meio. Combinados, estes dois caminhos são resumidos naquilo que Milton diz da poesia, isto é, comparada à retórica, é "mais simples, sensória e apaixonada".

O não-irônico, portanto, não deve restringir-se àquilo que o irônico corrige ou redime ou autentica. Podemos concordar com Anatole France, quando diz, em seu ensaio sobre Rabelais, que o "mundo sem ironia seria como uma floresta sem pássaros", mas nem por isso devemos querer que numa árvore haja mais pássaros que folhas. Em vez disso, podemos considerar o irônico e o não-irônico, em parte, como opostos complementares, como o são a razão e a emoção, cada uma desejável e necessária mas nenhuma suficiente para todas as nossas necessidades. No trecho seguinte, Thomas Mann foi um pouco longe nesta concepção:

> Ironia e radicalismo – isto é uma alternativa e um ou-ou. Um homem inteligente tem a opção (*quando* a tem) de ser irônico ou radical. Com toda a decência, não existe a terceira possibilidade. O que ele é depende do argumento que aceita como finalmente e absolutamente válido: vida ou espírito... Pois a vida do homem radical não tem argumento. *Fiat spiritus, pereat vita!* Mas as palavras da ironia são: "Pode a verdade ser um argumento se é uma matéria de vida?"[4]

A "terceira possibilidade" é a injunção impossível, mas nem por isso menos obrigatória (portanto, irônica!), de ser ao mesmo tempo irônica e radical. Thomas Mann diz adiante: "A ironia sempre visa a ambos os lados, tanto à vida quanto ao espírito" (*ibid.*). Mas isto, como iremos ver, implica uma maior ironia, definível como uma aceitação serena, desinteressada, da eterna oposição entre vida e espírito, do irônico (num sentido mais cético) e do radical.

---

4. Thomas Mann, *Meditações de um Homem Não-político*, cit. a partir de Erich Heller, *The Ironic German*, London, 1958, p. 236-37.

*Num Corpo-a-Corpo com a Ironia*

"Somente se pode definir aquilo que não tem história" (Nietzsche). Por essa e por outras razões, o conceito de ironia é vago, instável e multiforme. A palavra "ironia" não quer dizer agora apenas o que significava nos séculos anteriores, não quer dizer num país tudo o que pode significar em outro, tampouco na rua o que pode significar na sala de estudos, nem para um estudioso o que pode querer dizer para outro. Os diferentes fenômenos a que se aplica a palavra podem parecer ter uma relação muito fraca. A evolução semântica do vocábulo foi acidental; historicamente, nosso conceito de ironia é o resultado cumulativo do fato de termos, de tempos em tempos no decurso dos séculos, aplicado o vocábulo ora intuitivamente, ora negligentemente, ora deliberadamente, a fenômenos que pareciam, talvez erroneamente, ter bastante semelhança com alguns outros fenômenos aos quais já o vínhamos aplicando. Assim, o conceito de ironia a qualquer tempo é comparável a um barco ancorado que o vento e a corrente, forças variáveis e constantes, arrastam lentamente para longe de seu ancoradouro. Apenas muito recentemente é que a palavra adquiriu um *status* coloquial pleno, junto com uma certa elegância que levou "Que irônico!" a desalojar "Que coincidência!" e mesmo "Que estranho!" Exemplo: "A ironia da eliminação [de Gooch por Hughes por 99 no Terceiro Match] foi que Hughes foi eliminado por 99 no Primeiro Match"[5].

Pouca coisa se pode fazer a respeito disto. A maioria das pessoas continuarão a usar uma palavra como "ironia" sem saber ou procurar saber precisamente como foi empregada antes, ou seja não existe em uso um vocábulo mais adequado. Quanto aos ironólogos, convencer-se-ão muito facilmente de que se deve excluir qualquer restrição ou ampliação proposta do significado da palavra, com exceção da sua própria. Deste modo, A. R. Thompson[6] em vão ar-

---
5. *The Australian*, 2-3 de fevereiro de 1980.
6. A. R. Thompson, *The Dry Mock*, 1948, p. 15.

gumentará que a ironia é ironia apenas quando o efeito é uma mistura de dor e divertimento; Guido Almansi[7], que o realmente irônico é o ambiguamente irônico; e Empson[8], que a "situação básica para o tropo da ironia" é aquela que, quarenta e tantos anos atrás, "todo mundo admitiu" ser: A, falando de modo irônico, é entendido corretamente, como pretendia, por B, mas não é compreendido, como pretendia, por C, um "censor" ou "tirano estúpido". Empson reconhece que a sua "forma pura" de ironia é encontrada com frequência, mas, como os outros, parece disposto a privar-nos de uma palavra para os fenômenos que ocorrem com mais frequência e que sua definição exclui. Quando Cleanth Brooks[9] deseja estender o alcance semântico da palavra "ironia" pela razão de que é "o termo mais geral que temos para o tipo de qualificação que os vários elementos num contexto recebem do contexto", ele parece contente por deixar-nos sem palavras que distingam entre a ironia (no seu novo sentido) de "Lágrimas, Feias Lágrimas", de Tennyson, e a ironia (num sentido antigo) de "A Canção de Amor de J. Alfred Prufrock", de Eliot.

Em matéria de definição, então, não devo insistir (salvo quando esqueço) que todo mundo acerte seu relógio pelo meu. Direi que a hora está de acordo comigo, já que é a única hora de que tenho certeza. Minhas tentativas de definição e análise que começam no próximo capítulo serão, contudo, antecipadas de um esboço da história do conceito de ironia, de modo que o leitor possa checar seu próprio relógio.

Neste entretempo, transcrevo aqui um conjunto de exemplos que ilustram alguma coisa do alcance daquilo que, segundo espero, as pessoas dotadas de uma educação literária em "inglês" consideram ironia. Os nomes são descritivos ou convencionais; não se deve inferir daí qualquer aspiração taxonômica. O leitor é convidado a identificar o que estes exemplos podem ter em comum.

---

7. Guido Almansi, *L'Ironie de Tironie*, Centro Internazionale de Semiotica e di Lingüística, Urbino, 1979.
8. William Empson, op. cit.
9. Cleanth Brooks, *The Well-Wrought Urn*, 1949, p. 191.

## 1. A ironia como ênfase retórica

Naturalmente, o Governo cometeu pequenos deslizes antes. Cometeu erros menores de política econômica. Deportou ocasionalmente a pessoa errada. Apostou no sistema errado de defesa. Invadiu o país errado. Todos estes pecadilhos podem ser esquecidos. [...] Mas agora um membro do Governo *dormiu com a mulher errada*, e em consequência prejudicou severamente os recursos deste país em papel de jornal[10].

## 2. Modéstia escarnecedora ou ironia autodepreciativa

Portanto te peço que me perdoe isso,
Por que não coloquei o povo em seu lugar,
Aqui nesta fábula, que ele deveria ocupar.
Minha capacidade é curta, possa ele compreender[11].

## 3. Zombaria irônica

Tudo o que sei é que o livro desapareceu, e sinto-me como em geral se supõe que se sentiu Wordsworth quando tomou consciência de que Lucy estava em sua sepultura, e exclamou tão enfaticamente que isto faria uma diferença considerável para ele, ou palavras com esse sentido. [...] Lucy não era particularmente atraente – não mais que *As Vidas de Cristãos Eminentes*, de Frost; havia poucos que a elogiavam, e desses poucos, pouquíssimos poderiam chegar a gostar dela[12].

## 4. Ironia por analogia

*A Ópera do Mendigo*, *Animal Farm*.

## 5. Ironia não-verbal

Contam que os reis do Sião tinham uma forma de punir os nobres, honrando-os com um presente de um elefante branco sagra-

---

10. Michael Frayn, comentando o caso Profumo, *The Observer*, 1963.
11. G. Chaucer, *The Canterbury Tales*.
12. Samuel Butler, "Quis desiderio...?"

do, um presente que não podiam recusar mas eram obrigados a manter às custas da sua ruína.

## 6. Ingenuidade irônica

>   Os campos de golfe ficam tão perto do moinho
>       Que quase todo dia
>   As crianças que trabalham podem olhar
>       E ver os homens jogando[13].

## 7. Ironia dramática, ou o espetáculo de cegueira

*Hastings* – Antes que duas semanas se passem,
   Mandarei algum pacote, de modo que não pense nisto.
*Catesby* – É uma coisa vil morrer, meu lorde gracioso,
   Quando os homens estão despreparados e não se preocupam.
*Hastings* – Oh! monstruoso, é monstruoso! Que isso aconteça
   Com Rivers, Vaughan, Grey, e o mesmo acontecerá
   Com alguns homens mais, que se julgam tão seguros
   Como eu e você, que, com você sabe, são caros
Ao príncipe Ricardo, e a Buckingham.
   *Catesby* – Ambos os príncipes o têm em alta estima;
(à *parte*) Pois já contam com a cabeça dele na ponte[14].

## 8. Ironia inconsciente (termo de Samuel Butler)

B__, Francis William. A 19 de julho, no Caulfield Hospital, amado esposo de Rita, querido pai de Len, Margaret (Mrs. Jenkins), Rev. Fr. Bill, Peter, Jim, Rosemary (Mrs. Foster), e Tim, extremoso sogro de Nona, Alam, Monica, Lorraine, Paul e Kate, amado avô de 41 netos e 2 bisnetos. Descanse em Paz.

Obituário

---

13. Sarah N. Cleghorn, "The Golf Links Lie so Near the Mill".
14. W. Shakespeare, *Rei Ricardo III*, III, ii, 62-72.

## 9. Ironia autotraidora

"Eles deveriam ser tratados exatamente como fizeram com Willie e com eles. Pior. Gostariam de juntar algumas pessoas e matar, eu mesmo, aqueles homens."
"Não é um modo muito cristão de falar", disse Portia. "Quanto a nós, o máximo que podemos fazer é ficar calmos e saber que vão ser picados com forcados e fritados eternamente por Satanás"[15].

## 10. Ironia de eventos

(a) "Nada que é estranho irá durar. *Tristram Shandy* não perdurará."

Dr. Johnson

(b) Os romanos achavam que tinham se livrado de um inimigo quando baniram Coriolano. Mas o resultado foi empurrá-lo para os braços de seus inimigos tradicionais, os Volscos, à frente de cujo exército ele volta pretendendo a destruição de Roma.

## 11. Ironia cósmica

As lágrimas que derramavam sobre esta cena pungente
De uma lida árdua numa alma sofredora,
Escarnecida com as formas e fingimentos da realeza
Embora escarificadas por áspera circunstância,
Podem suscitar Compaixão além de sua paciência
Para afirmar que algum ironista monstruoso e vil
Construíra esse tecido inoportuno das Esferas
A fim de observar as pulsações de suas vidas cativas,
(Que a Verdade possa evitar), e não mencionavam
Tua vontade sem malícia, sem paixão, ignorante![16]

## 12. Incongruência irônica

(a) "Quelle ironie sanglante qu'un palais en face d'une cabane!"

Théophile Gautier

---

15. Carson McCullers, *The Heart is a Lonely Hunter*, London, 1954, p. 203.
16. Hardy, *The Dynasts*, Parte 2, VI, v.

(b) "O arquétipo do incongruamente irônico é Cristo, a vítima perfeitamente inocente excluída da sociedade humana."[17]

## 13. Ironia dupla

Sempre há um leve matiz de ironia na grave, calma e respeitosa atenção que um juiz inteligente confere imparcialmente às duas partes contendoras, que estão defendendo suas causas diante dele com toda a seriedade de profunda convicção, e de sentimento excitado. O que torna interessante o contraste é que o direito e a verdade não estão em nenhum dos lados exclusivamente: não existe um propósito fraudulento, nem grande imbecilidade de intelecto, num ou no outro; mas ambos têm pretensões plausíveis e razões especiosas para alegar, embora cada um seja cego demais por preconceito ou paixão para fazer justiça às opiniões do adversário. Pois aqui a ironia não está na conduta do juiz, mas está assentada profundamente no próprio caso, que parece favorecer a cada um dos litigantes, mas realmente frustra a ambos. E isso também é que empresta o mais alto grau de interesse aos conflitos de partidos religiosos e políticos[18].

## 14. Ironia ardil

(a) "Há uma terrível ironia no teatro. Você está retratando pessoas, gente comum; porém, quanto mais você trabalha, menos contato tem com gente fora do teatro."

Uma atriz

(b) Si jeunesse savoit; si vieillesse pouvoit[19].

## 15. Ironia romântica

(a) *Doutor Fausto*, de Thomas Mann.
(b) – Quem é aquele com quem você estava falando na colina?
– Algum palhaço que entrou nesta estória [em quadrinhos] por engano.

---

17. Northrop Frye, *Anatomy of Criticism*, 1957, p. 42.
18. Connop Thirlwall, "On the Irony of Sophocles", *Philological Museum*, vol. II, 1833, p. 489-90.
19. "Se a juventude soubesse; se a velhice pudesse." Henri Estienne, *Les Prémices*, Epigrama CXCI.

– Bom.
– Como bom?
– Se há um modo de entrar, há um modo de sair[20].

Estes exemplos fornecem um caminho para as complexidades do discurso sobre a ironia. A história algo labiríntica do conceito, contada no capítulo seguinte, levará eventualmente a uma visão dessa besta quase-mitológica de natureza dupla – de natureza dupla, porque geralmente é aceito que existem duas formas básicas de ironia, diferentes mas aparentadas e não facilmente separáveis, e quase-mitológica porque "ironia" é apenas um conceito, um elemento num sistema conceitual que, por sua vez, é apenas um acordo temporário quanto ao instrumento de compreensão do mundo. Uma mudança num ponto do sistema (e tal mudança já pode ter ocorrido) poderia eventualmente levar à descoberta de que o conceito de ironia tal como é entendido atualmente evita-nos de encarar a literatura de uma maneira nova: não é inconcebível que a "ironia", ora um conceito-chave na crítica literária, acompanhará ao ostracismo o conceito de "sublimidade", tão indispensável aos séculos passados.

20. T. K. Ryan, "Tumbleweeds", uma tira em quadrinhos em *The Age*.

## 2. A EVOLUÇÃO DE UM CONCEITO

*Os Primeiros Conceitos de Ironia*

Existem certas situações e expressões que não hesitamos em chamar de irônicas. Ulisses retorna a Ítaca e, sentando-se disfarçado de mendigo em seu próprio palácio, ouve um dos pretendentes expressar a ideia de que ele (Ulisses) nunca mais poderia regressar ao lar. Mais tarde lemos:

> Ulisses tinha agora o arco nas mãos e curvava-o, testando-o desse e daquele modo, com medo de que, na longa ausência do dono, os vermes pudessem ter comido por dentro do chifre. Os Pretendentes entreolharam-se e fizeram alguns comentários típicos: "Ah! Aí está o perito, com um olho crítico para arcos! Sem dúvida ele os coleciona em casa ou deseja começar uma fábrica, a julgar pelo modo como o curva, como se realmente tivesse aprendido alguma coisa de útil em sua vida na estrada!"[1]

1. *Odisseia*, livro XXI.

Mal podemos duvidar de que os primeiros ouvintes da *Odisseia* reagissem a essa situação do mesmo modo como fazemos, sentindo aquela emoção realmente inconfundível ao ver alguém serenamente inconsciente de que está negando a possibilidade do que já aconteceu, de que *ali* diante de seus olhos está a refutação de suas palavras no mesmo instante em que as pronuncia. Quanto à zombaria sarcástica, ela também nos deve atingir como se tivesse tido, quase três mil anos atrás, essencialmente o mesmo tipo de efeito que tem hoje.

Escolhi estes dois exemplos bastante antigos, um de Ironia Situacional, outro de Ironia Verbal – adotando por hora uma distinção familiar – não para sugerir que a ironia era uma invenção grega – poderia ter citado exemplos de Êxodo e de *Beowulf* - mas a fim de, primeiramente, indicar a antiguidade do fenômeno e, depois, estabelecer que a ironia, ao mesmo tempo como algo que vemos e a que reagimos e como algo que praticamos, deve ser distinguida tanto da palavra "ironia" quanto do conceito de ironia. Reagia-se ao fenômeno antes que ele tivesse um nome e, consequentemente, antes que pudesse ter havido um conceito dele; e a palavra existia antes que fosse aplicada ao fenômeno. Se Homero tivesse uma palavra para a zombaria dos pretendentes, não era nem *sarkasmos* nem *eironeia*; a primeira só adquiriu seu significado moderno muito tarde e a segunda não significava Ironia Verbal até a época de Aristóteles. Quanto à Ironia Situacional, a ironia dos pretendentes que, na presença de Ulisses, diziam que este nunca voltaria para casa, embora tenha sido a principal ironia do drama desde Esquilo até os dias atuais, ninguém a chamou ironia até o século XVIII. Tampouco parece que fosse chamada de alguma outra coisa, conquanto seja inconcebível que Sófocles e Shakespeare não tenham reconhecido claramente o efeito dramático deste tipo de ironia e seja certo que Racine o fez. O termo "ironia" aparece em algumas traduções da *Poética* como uma versão da *peripeteia* (peripécia) aristotélica (súbita inversão de circunstâncias) que talvez abrangesse parte do significado da ironia dramática.

O primeiro registro de *eironeia* surge na *República* de Platão. Aplicada a Sócrates por uma de suas vítimas, parece ter significado algo como "uma forma lisonjeira, abjeta de tapear as pessoas". Para Demóstenes, um *eiron* era aquele que, alegando incapacidade, fugia de suas responsabilidades de cidadão. Para Teofrasto, um *eiron* era evasivo e reservado, escondia suas inimizades, alegava amizade, dava uma impressão falsa de seus atos e nunca dava uma resposta direta. Miss Fairfax, em *Emma*, assemelha-se a um *eiron* teofrastiano quando se recusa a exprimir sua própria opinião: "Ele era bonito?", pergunta Emma e não obtém outra resposta senão: "Acredito que ele fosse considerado um jovem muito fino". Isso pode parecer afastado de qualquer conceito moderno de ironia, mas o leitor de *Rhetoric of Fiction* (1961), de Wayne Booth, verá como o narrador irônico tradicional, um Fielding ou uma Austen, evoluiu, por intermédio do narrador irônico impessoal flaubertiano ou jamesiano, para o narrador que abandonou totalmente qualquer obrigação de guiar o julgamento de seu leitor, e, assim fazendo, se tornou a equivalência moderna do antigo *eiron* grego.

Aristóteles, contudo, talvez porque tivesse Sócrates em mente, considerara a *eironeia*, no sentido de dissimulação autodepreciativa, superior a seu oposto, a *alazoneia*, ou dissimulação jactanciosa; a modéstia, ainda que apenas simulada, pelo menos parece melhor que a ostentação. Mais ou menos na mesma época, a palavra, que a princípio denotava um modo de comportamento, chegou também a ser aplicada a um uso enganoso da linguagem; *eironeia* é atualmente uma figura de retórica: censurar por meio de um elogio irônico ou elogiar mediante uma censura irônica.

Para Cícero, "ironia" não tem os significados abusivos do vocábulo grego. Ele a usa ou como a figura de retórica ou como a "pretensão amável" totalmente admirável de um Sócrates, ironia como um hábito pervasivo do discurso. Quando, portanto, usamos o termo "ironia" no sentido de uma forma de Sócrates afirmar que tem grandes esperanças de aprender com seu interlocutor o que é santidade ou justiça, nosso conceito de ironia é romano e não grego, embora seja impossível supor que Platão não fosse tão apreciativo da qualidade e do efeito de sua ironia quanto o era Cícero. A estes dois significados de ironia reconhecidos por Cícero, o retórico Quintiliano acrescentou um outro, intermediário: a ironia como elaboração de uma figura de linguagem num raciocínio completo, a elaboração de uma ironia como "O Cristianismo tem seus pontos, apesar de tudo" no *Argumento [contra] a Abolição do Cristianismo*, de Swift.

A palavra "ironia" não aparece em inglês antes de 1502 e não entrou para o uso literário geral até o começo do século XVIII; Dryden, por exemplo, usou-a apenas uma vez. Contudo, o inglês era tão rico em termos coloquiais para usos verbais que podemos considerar como um embrião de ironia os vocábulos: *fleer, flout, gibe, jeer, mock, scoff, scorn, taunt* (todos com o sentido de mofa, escárnio, zombaria, motejo, chasco, sarcasmo etc.). A *Arte of English Poesie*[2], de Puttenham, realmente traduz ironia como *Drie Mock* (zombaria seca, rude) e isto indica claramente uma avaliação da qualidade inexpressiva de um grau mais sutil de ironia verbal. No final do século XVII e durante todo o século XVIII, empregaram-se amplamente as palavras *derision, droll, rally, banter, smoke, roast* e *quiz* [respectivamente, derrisão, chocarreiro, zombaria, gracejo, fumaça, chacota e mofa], e estas sem dúvida ajudaram a manter a palavra "ironia" como termo literário. No *Journal to Stella* (25 de fevereiro de 1712-13), escreve Swift: "Ld Tr[easurer] encontrou-me ontem à noite na casa de Ld Mashams, & agradeceu minha companhia com Escárnio porque eu não havia jantado com ele três dias atrás".

Na Inglaterra, como no resto da Europa moderna, o conceito de ironia se desenvolveu muito lentamente. Os significados mais interessantes em Cícero e Quintiliano – ironia enquanto um modo de tratar o oponente num debate e enquanto estratégia verbal de um argumento completo – foram ignorados a princípio, e durante duzentos anos e

---

2. Puttenham, *Arte of English Poesie*, ed. G. D. Willcock e A. Walker, London, 1936.

mais a ironia foi encarada principalmente como uma figura de linguagem. Definia-se o termo como algo que "diz uma coisa mas significa outra", como uma forma de "elogiar a fim de censurar e de censurar a fim de elogiar", e como um modo de "zombar e escarnecer". Era também usado para significar dissimulação, mesmo dissimulação não-irônica, subentendidos, e paródia (uma vez ao menos, por Pope). Não foi antes da primeira metade do século XVIII, a época de *The Bickerstaff Papers*, *The History of John Bull*, *The Shortest Way with the Dissenters*, *The Beggar's Opera*, *Jonathan Wild* e *The Narrative of Dr. Robert Norris, Concerning the Strange and Deplorable Frenzy of Mr. John Dennis, an Officer of the Custom-House*, que o significado da palavra "ironia" foi de novo ampliado para abranger obras como estas. Alguns poucos escritores, alguns tendo claramente em mente e discussão de Sócrates por Cícero, tinham consciência da ironia como um modo de comportamento. Shaftesbury merece menção por ter decidido adotar uma "ironia suave", uma maneira irônica acomodatícia e amigável (embora não despida de escárnio) externamente e serena e reservada internamente.

Nos meados do século XVIII, o conceito de ironia na Inglaterra e, pelo que sei, nos outros países europeus, pouco tinha evoluído em suas linhas gerais além do ponto já alcançado em Quintiliano. É verdade que "ironia" e "irônico" são usados aqui e ali – por exemplo, Nashe (1589), Burton (1621), Sir Thomas Browne (1646), George Daniel (1649) e Fielding (1730) – em sentidos que antecipam ou parecem antecipar desenvolvimentos posteriores. Todavia, mesmo quando a palavra está sendo usada inequivocamente de uma forma nova, são empregos isolados não adotados por outros, ou os próprios autores não têm talvez consciência do novo sentido que inventaram. Sendo um autor não propenso a usar palavras desavisadamente, Fielding é um dos que merecem um exame. Em seu *The Temple Beau* (1730), ele coloca na boca de Young Pedant "Eu me deleito com a ironia [de ser chamado de peralta por uma mulher]". Isto, embora superficialmente parecido, não é a ironia carinhosa ou enfadonha de censurar a fim de elogiar

*33*

mas algo radicalmente diferente. Young Pedant explica que os valores das mulheres são tão confusos que, quando censuram, pode-se dizer que elogiaram. A mulher não falou de modo irônico; mas é *como se* o tivesse feito. Isto constituía uma ampliação radicalmente nova do conceito de ironia. Em 1748, Fielding deu ao termo uma outra aplicação nova, empregando-a como a estratégia satírica (tão antiga, na prática, quanto os diálogos socráticos e a *Venda de Vidas* de Luciano e familiar a todo frequentador de teatro e a todo leitor de romance) de inventar ou apresentar uma personagem idiota que defende ineptamente e retrata inconscientemente o ponto de vista que o autor deseja condenar. Esta "ironia autotraidora", pelo que sei, não foi reconhecida explicitamente de novo antes do século XI[3].

## Conceitos de Ironia Posteriores

Foi no final do século XVIII e começo do século XIX que a palavra "ironia" assumiu inúmeros significados novos. Naturalmente, os significados antigos não se perderam, e as antigas maneiras de ser irônico não foram suspensas, embora haja uma tendência a depreciar a ironia satírica como vulgar e barata e a ironia cética como cruel, corrosiva ou diabólica.

Os novos significados são novos em inúmeros aspectos que podemos talvez escolher, mas o que acrescentam é uma transformação tão radical do conceito de ironia quanto o foi o Romantismo da visão de mundo dos séculos anteriores. Onde antes se encarava a ironia como algo essencialmente intencional e instrumental, alguém que realizava um propósito usando a linguagem ironicamente (Exemplo nº 1), agora era possível considerar a ironia como algo que, ao invés, podia ser não-intencional, algo observável e, por conseguinte, representável na arte, algo que aconteceu ou

---

3. Este esboço do conceito de ironia até os meados do século XVIII baseou-se em *Of Irony, Especially in Drama* (1948), de G. G. Sedgewick, e *The Word IRONY and Its Context, 1500-1755* (1961), de Norman Knox, às quais devo encaminhar o leitor.

de que alguém se tornou ou se podia tornar consciente (nº 10); de agora em diante, a ironia tem natureza dupla, ora instrumental, ora observável. Onde antes a ironia era tida como praticada apenas local ou ocasionalmente (nº 3), tornou-se possível agora generalizá-la e ver o mundo todo como se fosse um palco irônico e toda a humanidade como se fossem atores simplesmente (nº 11). E onde antes se encarava a ironia como um ato finito ou no máximo uma maneira adotada (como no caso de Sócrates), podia-se agora também considerá-la um cometimento permanente e autoconsciente: o ironista ideal seria sempre um ironista, atento mesmo à ironia de ser sempre um ironista; em suma, a ironia pode ser encarada como obrigatória, dinâmica e dialética.

Desses novos significados que a palavra "ironia" assumiu, os mais importantes emergiram do fermento da especulação filosófica e estética que transformou a Alemanha durante muitos anos na líder intelectual da Europa. Friedrich Schlegel foi o principal "ironólogo" desse período, mas seu irmão, August Wilhelm, Ludwig Tieck e Karl Solger serão também mencionados.

O primeiro estágio, logicamente senão cronologicamente, deste novo desenvolvimento foi considerar a ironia em termos não de alguém ser irônico, mas de alguém ser a vítima de ironia, mudando assim a atenção do ativo para o passivo. A vítima poderia ser ou o alvo de uma observação irônica, feita em sua ausência ou não, ou a pessoa que deixou de observar a ironia, seja ela ou não o seu alvo. Uma vez que a noção de ironia estava ligada à vítima ingênua ou incompreensiva da Ironia Verbal ou de alguma outra forma de Ironia Instrumental, como irei chamá-la, podia-se então achar que alguém era a vítima irônica, isto é, insuspeita, de circunstâncias ou eventos, sendo estes geralmente personificados. O que é novo aqui é a aplicação da palavra "irônico"; por exemplo, a ideia de fortuna que promete zombeteiramente felicidade mas distribui miséria é pelo menos tão antiga quanto *Le Roman de la rose* (Jean de Meun, *c.* 1280) – "*fortune vous moque*", a fortuna zomba de vocês. Friedrich Schlegel, em 1800, fala de cair inconscientemente na ironia, mas o faz sem pressupor um intermediário irônico personificado. A. W. Schlegel, em 1811, considera que Shakespeare apresenta uma Ironia de Eventos em seu *Rei Henrique V*:

Depois de suas famosas batalhas, Henrique quis assegurar suas conquistas através de um casamento com uma princesa francesa; tudo o que faz referência a isto é entendido como ironia na peça. O fruto desta união, com que as duas nações prometeram entre si tal felicidade no futuro, foi o fraco e pusilânime Henrique VI, sob cujo reinado se perdeu tão miseravelmente tudo[4].

O passo que toma Henrique para garantir seu futuro acaba sendo o próprio passo que lhe assegura o futuro desastre. A semelhança de uma tal Ironia de Eventos com o que dominei Ironia Instrumental pode-se tornar mais clara se descrevermos, por exemplo, o elogio irônico em termos semelhantes: a palavra que o alvo da ironia toma como lisonja acaba sendo, à reflexão, o inverso de lisonja.

Se considerarmos uma Ironia de Eventos em termos de uma inversão que ocorre no tempo e a Ironia Verbal como uma inversão semântica, está aberto o caminho para a aplicação da palavra "ironia" a outras inversões mentalmente justapostas, isto é, observáveis, especialmente aquelas que chegam até nós já prontas na literatura. Assim, A. W. Schlegel considera ironia a forma como Shakespeare corta cenas sérias com cenas cômicas, às vezes paródicas mesmo, ou justapõe a auto apresentação favorável de uma personagem à consideração menos lisonjeira de outra. Descobre uma ironia "secreta" na apresentação que faz Shakespeare de

a facilidade da autodecepção, a hipocrisia parcialmente autoconsciente para conosco mesmos, com que mesmo as mentes nobres tentam disfarçar a influência quase inevitável de motivos egoísticos na natureza humana[5].

---

4. A. W. Schlegel, *Lectures on Dramatic Art and Literature [1809-1811]*, trad. John Black, London, 1861, p. 432.
5. *Idem*, p. 369.

Ludwig Tieck descobre em Shakespeare não só Ironias de Eventos, como também Ironias de Situação: "Existe uma ironia muito profunda na cena [em *Rei Henrique IV*, parte 2] em que o príncipe, ao pé do leito de morte do pai, coloca a coroa com pressa demais em sua própria cabeça"[6]. É para Tieck uma ironia "profunda", presumivelmente porque o Príncipe Hal, além de tomar enganosamente o sono do pai pelo sono da morte (uma ironia "superficial"), também acaba tornando-se inconsciente dos motivos que o levaram a cometer um tal engano. Tieck descobre também uma ironia no retrato que Shakespeare faz de Brutus: "Ele é um homem dos mais excelentes, puro, nobre e realizado, que nada mais deseja senão o melhor; mas politicamente é cego e fraco"[7]. A ironia está no fato de Brutus ser cego à sua cegueira e no fato de não suspeitar aonde ela o levará. Posteriormente, qualquer justaposição acidental ou não--intencional de contrários era considerada ironia. Escrevendo em 1821, G. H. Schubert encarava como ironia qualquer incongruência que ocorresse de modo natural, como, por exemplo, as justaposições na escala natural do homem racional com o macaco ridículo, do cavalo nobre com o asno grotesco. Um dos exemplos capitais de ironia em enciclopédias francesas é de Gautier: "Quelle ironie sanglante qu'un palais en face d'une cabane!" O motivo (inconfesso) para esta extensão semântica era indubitavelmente a *aparência* de desígnio nessas surpreendentes justaposições.

O estágio seguinte foi a universalização destas ironias locais e particulares. Parece ter sido fácil demais elevar à dignidade metafísica as ironias de eventos, pequenas ou grandes, cômicas ou trágicas, das quais frequentemente todos nós temos sido vítimas. Deste modo, imaginamos por trás destes acidentes uma deidade zombeteira, caprichosa, hostil ou indiferente, o destino. Friedrich Schlegel achou

---

6. Citado *apud* Ingrid Strohschneider-Kohrs, *Die romantische Ironie in Theorie und Gestaltung.*, 1977, p. 133.
7. Ibidem.

"surpreendentemente irônico que *'der grosse Maschinist im Hintergrunde des Ganzen'* finalmente se revele um desprezível Traidor"[8]. Em 1833, Connop Thirlwall, em seu artigo "Da Ironia de Sófocles", admite "que o contraste entre o homem com suas esperanças, medos, desejos e empreendimentos, e um destino obscuro, inflexível, propicia abundantes condições para a exibição de ironia trágica". O século XIX forneceu muitos termos para essa generalização das ironias de eventos: *Ironie des Schicksals, ironie du malheur, du monde, de l'histoire, du sort, de la nature, de nos destinées, de l'existence, irony of fate, of circunstances, of time, of life*, ironia do destino, das circunstâncias, do tempo e da vida. O novo aqui não é a ideia de que "Somos apenas as bolas de tênis das estrelas, batidas e rebatidas/ Onde agradá-las", mas o uso da palavra "ironia" ao expressar tais pensamentos.

Do mesmo modo, a ideia de que a vida é irremediavelmente imperfeita ou mesmo contraditória não foi algo que ocorreu em primeiro lugar aos românticos; o uso da palavra "ironia" em tal contexto o foi. A. W. Schlegel, como vimos, fala de ironia com relação à consciência que tinha Shakespeare "da influência *quase inevitável* dos motivos egoístas na natureza humana" (grifo meu). Na página seguinte, ele fala da "validade de objeções tácitas [dos espectadores mais inteligentes de Shakespeare]" a representações idealizadas da natureza humana, objeções que Shakespeare antecipou e admitiu, ao permitir "uma olhadela ocasional no lado menos brilhante da medalha". Para Schlegel, a ironia está ao mesmo tempo na "manobra ágil" de Shakespeare e em sua "visão irônica" das relações humanas. Segundo penso, ele não dá o passo seguinte de ver como "objetivamente" irônico o fato de serem os homens uma mistura de qualidades contraditórias.

Vimos que o conceito de ironia se estendeu, neste período romântico, para além da Ironia Instrumental (alguém sendo irônico) até incluir o que chamarei de Ironia

---

8. Citado *apud* G. G. Sedgewick, op. cit., p. 20.

Observável (coisas vistas ou apresentadas como irônicas). Estas Ironias Observáveis – sejam ironias de eventos, de personagem (auto-ignorância, autotraição), de situação, sejam de ideias (por exemplo, as contradições internas inobservadas de um sistema filosófico como o marxismo) – podem ser locais ou universais. Todas elas eram desenvolvimentos principais, nada menos que o desenvolvimento do conceito de *Welt-Ironie*, Ironia Cósmica ou Ironia Geral, a ironia do universo que tem como vítima o homem ou o indivíduo. Mas Friedrich Schlegel acrescentaria ao conceito um desenvolvimento posterior e até mais radical. Com ele a ironia tornou-se aberta, dialética, paradoxal, ou "romântica".

Para Schlegel, a situação básica metafisicamente irônica do homem é que ele é um ser finito que luta para compreender uma realidade infinita, portanto incompreensível. A isto podemos chamar Ironia Observável da Natureza que tem o homem como vítima. "A característica mais proeminente da natureza", escreveu Schlegel, "é uma energia vital transbordante e inesgotável." Chegou a dizer que a natureza é infinita tanto na "variedade das formas criadas" quanto na "produtividade sempre crescente da vida natural"[9]. A natureza não é um ser, mas um tornar-se, um "caos infinitamente fervilhante", um processo dialético de contínua criação e des-criação. O homem, sendo quase a única destas formas criadas, que logo serão des-criadas, deve reconhecer que não pode adquirir qualquer poder intelectual ou experimental permanente sobre o todo. Não obstante, ele é impelido ou, como se diz agora, "programado" para compreender o mundo, para reduzi-lo à ordem e coerência, mas qualquer expressão de seu entendimento será inevitavelmente limitada, não só porque ele próprio é finito, mas também porquê pensamento e linguagem são inerentemente sistemáticos e "fixativos", enquanto que a natureza é inerentemente elusiva e proteica.

---

9. F. Schlegel, "On the Limits of the Beautiful", em *Aesthetic and Miscellaneous Works*, trad. F. J. Millington, London, 1849, p. 418.

Esta Ironia Observável da situação do homem não deveria ser encarada como um predicamento sem esperança, porque a ela pode ser contraposta uma Ironia Instrumental. Assim como de uma Natureza personificada pode-se dizer que brinca com – ou ironiza – suas formas criadas, parecendo prometer a cada uma delas uma inteireza e uma estabilidade de ser, apenas para relativizá-las e desestabilizá-las no fluxo sem-fim da criação e des-criação, assim também o homem, ou mais especificamente o artista, sendo ele próprio uma parte da natureza, tem ao mesmo tempo uma energia criativa e uma des-criativa, uma inventividade entusiasta, irrefletida, e uma inquietação irônica, autoconsciente que não pode satisfazer-se com a finitude da realização, mas deve continuamente transcender mesmo aquilo que sua imaginação e inspiração criaram. O que deveria ser realmente um predicamento sem esperança seria um universo totalmente compreensível e portanto, num sentido, um universo morto.

A originalidade e a força do pensamento de Schlegel residem em seu firme entendimento da vida como um processo dialético e em sua insistência em dizer que o comportamento humano é plenamente humano somente quando exibe também um dualismo dinâmico aberto. Em vários de seus escritos, vemo-lo repudiar a Lei da Contradição e negar o valor de alguma coisa que não seja ao mesmo tempo ela própria e seu contrário gerado por si próprio. "A ironia", diz ele, "é a forma do paradoxo"; e "Paradoxo é a *conditio sine qua non* da ironia, sua alma, sua fonte, e seu princípio". "A ironia é a análise [na medida em que se opõe à síntese] da tese e da antítese." "E igualmente fatal para a mente ter um sistema e não ter nenhum. Ela simplesmente terá de decidir combinar os dois."

A ironia [romântica] é a única dissimulação involuntária e, ainda assim, totalmente deliberada [...] tudo deveria ser jocoso e sério, francamente aberto e profundamente escondido. Origina-se da união entre o *savoir vivre* e o espírito científico, da conjunção de uma filosofia perfeitamente instintiva com uma perfeitamente consciente. Contém e desperta um sentimento de indissolúvel antagonismo entre o absoluto e o relativo, entre a impossibilidade e a necessidade de comunicação completa[10].

A criação artística, argumentou Schlegel, tem duas fases contraditórias mas complementares. Na fase expansiva, o artista é ingênuo, entusiasta, inspirado, imaginativo; mas seu ardor descuidado é cego e, assim, sem liberdade. Na fase contrativa, ele é reflexivo, consciente, crítico, irônico; mas a ironia sem entusiasmo é estúpida ou afetada. Ambas as fases são, portanto, necessárias se o artista deve ser amavelmente entusiasta e imaginativamente crítico. O artista que consegue este difícil ato de equilíbrio, esta "alternação admiravelmente perene de entusiasmo e ironia", produz uma obra que contém em si mesma seu próprio vir-a-ser. O artista será como Deus ou a Natureza imanente em cada elemento criado e finito, mas o leitor também terá consciência de sua presença transcendente enquanto atitude irônica frente à sua própria criação. Esta superação criativa da criatividade é a Ironia Romântica; ela ergue a arte a uma força superior, de vez que vê na arte um modo de produção que é artificial no mais alto sentido, porque plenamente consciente e arbitrário, e natural no mais alto sentido, porque a natureza é semelhantemente um processo dinâmico que cria eternamente e eternamente vai além de suas criações. Como exemplos, Schlegel cita muitas vezes *Don Quixote*, *Tristram Shandy* e *Jacques le fataliste*, de Diderot, todas obras em que o processo de composição está integrado ao produto estético que, por sua vez, é explicitamente apresentado ao mesmo tempo como arte e como (imitação da) vida. Paradoxalmente, esta autoconsciência autoparódica torna a obra mais natural, não menos.

O conceito de ironia de Karl Solger eleva-se a alturas metafísicas mais rarefeitas do que o de Friedrich Schlegel, e mesmo aqueles que procuram esclarecer Solger não são fáceis de seguir. Mais explicitamente do que Schlegel, ele

---

10. Fragmento Crítico 108 em Peter Firchow (ed.), *Friedrich Schlegel's Lucinde and the Fragments*, 1971.

localiza a ironia no próprio centro da vida: enquanto o universal, o infinito e o absoluto só podem manifestar-se em formas particulares, finitas ou relativas, isto é, mediante uma autonegação ou aniquilamento, estas, por seu turno, devem "autodestruir-se" no processo de cumprirem a sua função que é revelar o universal, o infinito e o absoluto. A ironia reside no duplo movimento oposto no qual cada um se sacrifica ao outro.

O conceito de ironia como aquilo que restaura ou aquilo que mantém um equilíbrio é encontrado em termos mais familiares em A. W. Schlegel, irmão mais velho de Friedrich, porém intelectualmente menos ousado:

> A ironia [no drama]... é uma espécie de confissão entretecida dentro da própria representação, e expressa mais ou menos distintamente, de sua uni lateral idade sobrecarregada em termos de fantasia e de sentimento, e por meio da qual o equilíbrio é de novo restaurado[11].

Este conceito de ironia foi redescoberto por I. A. Richards, que define a ironia, de maneira semelhante, como "a produção dos impulsos opostos, dos complementares" a fim de realizar um "peso equilibrado"[12]. Intimamente relacionada é a ideia de que a ironia na forma de uma auto-ironia equilibradora antecipa e se previne contra um possível ataque (irônico) do exterior. Deste modo, Friedrich Schlegel fala da necessidade de uma autolimitação irônica, "porque sempre que alguém não se restringe a si mesmo, é restringido pelo mundo"[13]. Como vimos, A. W. Schlegel observou que Shakespeare, ao permitir que olhe rapidamente "o lado menos brilhante da medalha", antecipou as "objeções tácitas" de uma plateia inteligente às idealizações. Isto também aparece novamente em Richards e também em Robert Penn Warren: "O poeta [...] experimenta

---

11. Op cit., p. 227.
12. I. A. Richards, *Principles of Literary Criticism*, 2. ed., London, 1926, p. 250.
13. Fragmento Crítico 37 em Firchow, op. cit.

sua visão quando a submete aos fogos da ironia [...] na esperança de que os fogos a refinarão"[14].

Do ironista que evita a unilateralidade ao introduzir habilmente a atitude oposta como não menos válida, podemos dizer que conseguiu uma postura mais ou menos desinteressada ou objetiva. O conceito de ironia como objetividade é o último (que mencionarei) dos muitos significados novos ou conotações novas da palavra "ironia" que devemos creditar ao Romantismo alemão. Ambos os Schlegels, bem como Karl Solger e outros, usaram o termo neste sentido. A maioria dos dramaturgos, diz A. W. Schlegel, incorporam sua própria subjetividade numa personagem ou num ponto de vista a que a plateia supostamente é simpática. Mas Shakespeare, embora dote cada uma da suas personagens, suas "formas criadas", de tanta vida que não pode duvidar de que assumiu os sentimentos delas, é ao mesmo tempo destacado delas todas e "plana livremente acima" dos temas de suas peças, de tal forma que elas não exprimem sua própria subjetividade mas coletivamente "expressam o mundo todo", que, como diz Goethe, é a marca do verdadeiro artista.

Não obstante, para A. W. Schlegel, ao contrário de seu irmão, a ironia sempre parece ter uma função satírica, moral ou redutiva. Ao falar dos dramas conto-de-fadas de Cario Gozzi, ele observa o modo como as máscaras "prosaicas" ironizam a parte "poética", mas não quer saber se não se poderia dizer igualmente que o poético ironiza o prosaico. A perspicácia irônica em Shakespeare é admirável, mas é "o túmulo do entusiasmo". No cômputo final, a ironia deixa o palco quando entra a "tragédia propriamente dita", um ponto de vista que também se encontra em I. A. Richards. Solger, contudo, via na tragédia uma ironização do melhor por algo que ainda era superior, a verdade. Assim, pelo menos, é como Kierkegaard explica a afirmação de Solger:

---

14. "Pure and Impure Poetry", em R. W. Stallman, ed., *Critiques and Essays in Criticism, 1920-1948*, New York, 1949, p. 103.

Vemos heróis começando por querer saber se erraram nos elementos mais nobres e mais finos de suas sensações e sentimentos, não só no que nos diz respeito a[o] resultado suspicioso [destes], mas mesmo no que toca à sua própria origem e valor. Na verdade, o que nos exalta é a destruição mesma do melhor.

Kierkegaard acrescenta:

> Não nos exaltamos com a destruição do grande, nós nos conformamos com sua destruição pelo fato de que a verdade é vitoriosa, e nos exaltamos com sua vitória[15].

O nome seguinte na história do conceito de ironia é o de um inglês, embora um inglês que estudou filosofia e literatura germânicas. O longo artigo de Connop Thirlwall sobre a ironia em Sófocles, citado acima, deve alguma coisa aos conceitos alemães de ironia, mas Thirlwall tinha ideias próprias. Ele se refere à Ironia Verbal, há muito familiar, e àquilo que batiza com o nome de Ironia Dialética, mas que é apenas um nome novo para a estratégia sustentada, penetrante de um argumento socrático, que Cícero já reconhecia como ironia, introduz, depois, o termo Ironia Prática que ele caracteriza como "independente de todas as formas da fala" e da qual diz haver "dois tipos totalmente diferentes". O primeiro consiste na substituição de ações irônicas por palavras irônicas – oferecendo elefantes brancos em vez de elogio aparente – de modo que ainda é Ironia Instrumental. O outro abrange vários tipos de Ironia Observável – o homem forçado pelas circunstâncias a dizer o que ele pode ver está sendo inevitavelmente mal compreendido, com efeitos desastrosos; o modo como o evento inverte nossas esperanças ou medos; Clitemnestra exultante em sua segurança quando como sabe a plateia, sua sentença já está selada; o orgulho das nações que surge antes de um declínio; o irônico contraste dos esplendores visíveis de Roma com sua decadência interna; a dialética da história, onde a queda aparentemente desastrosa de uma civilização é de fato uma consumação dese-

---

15. Kierkegaard, *The Concept of Irony*, trad. Lee M. Capel, 1966, p. 334.

jável, já que torna possível a ascensão de sua sucessora mais esplêndida; e, finalmente, diferindo em tipo de todas estas, a Dupla Ironia, como Empson chamaria mais tarde, de *Antigone* e *Filoctetes*, de casos curtos e de facções religiosas e políticas, na qual a oposição imediata não se dá entre um aparecimento favorável e uma severa realidade (ou vice-versa), mas entre dois lados nos quais estão misturados o bom e o mau.

Ao reconhecer como ironia estas várias situações e eventos, Thirlwall sabia que estava usando o termo inglês *irony* em novos sentidos. Mas estes novos sentidos já haviam sido desenvolvidos na Alemanha. Hegel, por exemplo, considerara ironia o progresso dialético da história, e antes dele Solger libertara a ironia de suas associações negativas, de modo que pudesse ser aplicada a situações e eventos que parecem inauspiciosos mas que surpreendentemente se revelam felizes. A Dupla Ironia de *Antigone* está implícita na "tensão dos opostos" de Friedrich Schlegel, como, por exemplo, na atitude ambivalente de um autor para com suas personagens. E, embora ela ainda tenha origens mais antigas, a analogia de Thirlwall entre o poeta e Deus revela a influência dos teóricos alemães:

O poeta dramático é o criador de um pequeno mundo, no qual ele reina com poder absoluto, e pode moldar os destinos dos seres imaginários aos quais dá vida e alento de acordo com algum plano que ele pode escolher. [...] Desta esfera [mímica de sua criação] ele próprio se mantém à distância[16].

O que é novo em Thirlwall é um conceito especificamente inglês de Ironia Dramática, onde a ironia da fala de uma personagem tem inconscientemente uma dupla referência: à situação tal como lhe aparece e, com não menos habilidade, à situação como ela é realmente, a própria situação diferente já revelada ao público. Neste sentido é irônica a fala de Egisto em *Electra*:

16. Connop Thirlwall, "On the Irony of Sophocles", *Philological Museum*, vol. II, 1833, p. 490-91.

> Por certo, ó Deus, há um exemplo igual
> De retribuição justa.

Ele pensa que o corpo diante dele é o de seu inimigo. É de fato o de sua esposa. O que é válido em Thirlwall é menos sua originalidade do que sua exposição clara e sua oferta generosa de exemplos; estes tornam seu ensaio o marco principal na história do conceito de ironia em inglês, estabelecendo os termos "ironia de destino" e Ironia Sofocliana (ou Dramática). O termo Ironia Prática foi mal escolhido e não teve sucesso.

O leitor que, tendo ainda diante de si a perspectiva de um século e meio de teorização sobre a ironia, já está dizendo, como dissera Friedrich Schlegel, "Que deuses nos resgatarão de todas estas ironias?", ficará aliviado ao ouvir dizer que o artigo de Thirlwall foi o último grande passo na longa história do conceito de ironia. Todos os tipos principais de ironia que foram praticados e todas as classes de fenômenos que ora consideramos irônicos foram reconhecidos, com maior ou menor clareza, como ironia. A partir de então, quase tudo pode ser classificado ou como reformulações, redescobertas, distinções entre a ironia "real" e a "chamada" ironia, esclarecimentos, classificações ou subclassificações; ou pode ser encarado como discussões mais gerais da natureza da ironia, seu lugar na vida intelectual e espiritual do homem e seu lugar com relação a outros modos literários.

O pensamento de Kierkegaard sobre a ironia, a partir de sua tese de 1841, *O Conceito de Ironia*, é orientado amplamente para situar a ironia entre o que ele chama o "estágio" estético e o "estágio" ético do desenvolvimento espiritual. Para Kierkegaard, "quem quer que tenha a ironia indispensável tem-na durante todo o dia"; não é irônico de tempos em tempos, ou nesta ou naquela direção, mas considera a totalidade da existência *sub specie ironiae* e nunca é irônico para ser admirado como um ironista. Para Amiel, a ironia é Filosófica ou Geral; ele tem um conceito de uma lei da ironia: "A absurdidade está entretecida com a vida: seres reais são contradições animadas, absurdidades postas em ação"[17]. Para Heine, Baudelaire, Nietzsche e Thomas Mann, a ironia é antes de tudo Ironia Romântica, mas Heine também tem consciência da função auto-protetora da ironia, uma consciência que se reporta ao retrato que Teofrasto fez do *eiron* e antegoza algumas objeções do século XX à ironia. Onde a "ironia universal do mundo", de Hegel, era dialética, e negativa tão-somente dentro de uma progressão mais ampla – "Deus deixa os homens fazer o que quiserem com suas paixões e interesses particulares; mas o resultado é a realização – não de seus planos mas de Seu plano"[18], a de Heine era niilista, "o grande Autor do universo" era um Aristófanes esmagando a humanidade sob sua "capacidade gigantesca". Mas Heine viu uma dialética (não progressiva) em *Don Quixote*: Sancho Pança e seu amo, alegorias de corpo e alma, ironizam um ao outro através de sua incompatibilidade mútua. Samuel Butler e sua amiga Miss Savage se deliciavam naquilo que chamavam de humor inconsciente ou ironia inconsciente, termos que designam a revelação involuntária das reais atitudes ou crenças de alguém: como quando fala um médico de hospital, como alguém fez recentemente, de "uns 800 pacientes [por ano que são] submetidos a tratamento intensivo". Em 1902, Jules de Gaultier usava o termo *bovarismo* para designar o modo como as pessoas pensam acerca de si mesmas diferentemente do que são, particularmente a maneira como emprestam a si mesmas a categoria de heróis e heroínas de romances. O *bovarismo* é, claramente, um tipo de ironia e poderia ter sido reconhecido como tal, tivesse o francês naquela época desenvolvido o conceito de ironia como o fizeram alemães e ingleses.

Se, no século XIX pós-romântico, o conceito predominante era o da ironia niilista, o conceito que predomina no século XX parece ser o de uma ironia que é relativista e mesmo reservada. Lemos que a ironia é uma "visão de

17. Amiel, *Journal Intime*, 15 de novembro de 1876.
18. Citado *apud* G. R. G. Mure, *A Study of Hegel's Logic*, Oxford, 1950, p. 257.

*47*

vida que reconhecia ser a experiência aberta a interpretações múltiplas, das quais *nenhuma* é simplesmente correta, que a coexistência de incongruências é parte da estrutura da existência"[19]. Embora esta definição nos permita ver a ironia de Shakespeare tal como a viu A. W. Schlegel, isto é, como uma objetividade destacada, perspicaz, livre de *parti pris*, ela também abre caminho ao relativismo e eventualmente a um conceito de ironia que mal a distingue da ambiguidade ou mesmo do medo de que se pudesse pensar que alguém disse alguma coisa. Roland Barthes, em *S/Z*, diz que Flaubert,

ao manusear uma ironia incerta, realiza uma salutar preocupação na escritura: recusa deter o jogo dos códigos (ou o faz tão imperfeitamente), resultando que (e este é, sem dúvida, o verdadeiro teste da escritura enquanto escritura) nunca se sabe se ele é responsável por aquilo que escreve (se há um tema individual por trás de sua linguagem): pois a essência da escritura (o significado da obra que constitui a escritura) é prevenir qualquer resposta à pergunta: quem está falando?[20]

A ironia neste último sentido é a forma da escritura destinada a deixar aberta a questão do que pode significar o significado literal: há um perpétuo diferimento da significância. A velha definição de ironia – dizer uma coisa e dar a entender o contrário – é substituída; a ironia é dizer alguma coisa de uma forma que ative não uma mas uma série infindável de interpretações subversivas. Naturalmente, deveremos voltar a esta curiosa noção. Ao nível popular, ao nível da reportagem de jornal, por exemplo, a "ironia" provavelmente pode servir-se de coincidências ou quando existe uma margem muito pequena entre o sucesso e o fracasso numa matéria de grande alcance:

---

19. Samuel Hynes, *The Pattern of Hardy's Poetry*, Chapel Hill, N. C, 1961, p. 41-42.
20. Citado *apud* Jonathan Culler, *Structuralist Poetics*, London, 1975, p. 158-159.

Um primeiro destacamento de resgate passou a apenas alguns metros do local onde os três jovens caíram na noite de domingo. A ironia é que o helicóptero do Serviço Estadual de Emergência esquadrinhou o local na segunda-feira cedo, mas foi incapaz de ver através da densidade dos arbustos e do matagal[21].

---

21. *The Age*. Ao escrever este capítulo, servi-me especialmente do artigo de Norman Knox sobre a ironia, em Philip P. Wiener (ed.), *Dictionary of the History of Ideas*, vol. II, 1973, e do capítulo inicial sobre a Ironia Romântica em Anne K. Mellor, *English Romantic Irony*, 1980.

# 3. A ANATOMIA DA IRONIA

*Características Básicas*

Reportando-nos ao crescimento quase canceroso do conceito de ironia a partir dos anos de 1790, podemos muito bem indagar o que ainda o mantém, se é que existe alguma coisa que o faça. Será que existe um traço comum isolado, ou talvez um conjunto de semelhanças familiares, algumas das quais aparecem em todos os exemplos de ironia e apenas na ironia? Se não pudermos mostrar que existe, não poderemos obter um conceito coerente de ironia ou identificar as características que distinguem um tipo de ironia de outro. Este capítulo constituirá uma busca dos aspectos ao mesmo tempo comuns e diferenciadores, valendo-nos dos exemplos de ironia do final do Capítulo 1, mas não exclusivamente deles.

*Aparência e realidade*

"O traço básico de toda Ironia é um contraste entre uma realidade e uma aparência."[1] Isto é corroborado por nossos exemplos? Michael Frayn, Chaucer, Butler, Gay, Orwell, os reis do Sião e Sarah N. Cleghorn (nº 1 a 6), todos mais ou menos plausivelmente afirmam estar dizendo ou fazendo uma coisa, enquanto na realidade transmitem uma mensagem totalmente diferente. Hastings, o Dr. Johnson e a plebe romana (nº 7 e 10), todos admitiram, confiante mas bastante erroneamente, que as coisas são como parecem ser ou mudarão como era esperado. O autor do obituário e a Portia de Carson McCullers (nº 8 e 9) pensavam que os sentimentos que exprimiam eram perfeitamente adequados; em ambas as expressões podemos ver significados insuspeitados de sentido contrário. Hardy (nº 11) aponta explicitamente para a ironia que existe em tomar por Ironia Não-verbal sobre o papel de Deus, o que na realidade constitui uma indiferença cósmica impessoal. (Se "algum ironista vil, monstruoso/ *Tivesse* construído este tecido inoportuno das Esferas/ A fim de observar as pulsações de suas vidas cativas", o contraste irônico estaria, então, entre o que parecia, aos crentes ortodoxos, que Deus estava fazendo e o que ele realmente estava fazendo.) No nº 12a existe uma aparência de desígnio; sentimos que uma incongruência tão gritante não poderia ocorrer por acaso, e não obstante aconteceu. No nº 12b nossa ingênua presunção, que a ironia corrige, é talvez que se deve punir a culpa e não a inocência. No nº 13 o próprio Thirlwall mostra o que parece ser e o que é realmente o caso. No nº 14 nossa presunção errada é que o mundo está disposto sensivelmente; mas agora nos dizem que, quanto mais um ator pratica a sua arte, pior ele deve ficar e aquele tempo que passa em aprender como viver com sabedoria nos rouba de qualquer modo o poder de viver. A brincadeira da história em quadrinhos (nº 15b) parece fazer sentido: ao nível do que a tira representa – uma região que pretende ser parte do mundo

1. Haakon Chevalier, *The Ironic Temper*, New York, 1932, p. 42.

real – um modo de entrar implica um modo de sair, e coisas acontecem por engano. Mas personagens criadas não podem sensivelmente abandonar ou empregar a ficção da qual são elementos constitutivos. Além do mais, o artista, ao pretender menoscabar a sua própria arte, nos dá motivos para admirá-la.

A "realidade", no sentido em que a palavra é usada aqui, deve ser estendida como se significasse apenas o que o ironista ou o observador irônico vê como tal. Alguém que ouviu a expressão do Dr. Johnson (nº 10a) mas não sabe se *Tristram Shandy* perdurou ou não, mal poderia pressentir uma ironia. Aqueles cristãos que podem "recuperar a calma" e contemplar o eterno frigir das almas humanas serão o verdadeiro ponto de Miss Carson McCullers. Na história alegórica de Anatole France, a ironia das palavras "Os Pinguins tinham o exército mais refinado do mundo. Do mesmo modo tinham os Porpoises" consiste na revelação, por meio da contradição, de que aquilo que parece ser afirmações de fato são na verdade, na opinião de Anatole France, elogios vazios ou crenças subjetivamente determinadas.

Nem tudo o que é diferente do que parece ser é exemplo de ironia:

> Ele pensou ter visto um Argumento
>   Que provava ser ele o Papa:
> Olhou de novo, e viu que era
>   Uma Barra de Sabão Pintado[2].

Tampouco o é de toda maneira de dizer uma coisa a fim de significar uma outra: Spenser escreveu "Duessa"*, mas queria dizer "Catolicismo romano". A relação entre a aparência e a realidade não é, em outras palavras, uma improbabilidade, nem uma probabilidade ou equivalência, mas, como diz Chevalier, um contraste (ou uma oposição,

---

2. Lewis Carroll, *Sylvie and Bruno Concluded*, London, 1893, p. 319.
* *Duessa* – Uma feiticeira da *The Faerie Queene* de Edmund Spenser, poeta inglês, 15527-1599. (N. do T.)

contradição, contrariedade, incongruência ou incompatibilidade).

## Eiron e Alazon; pretensão e inconsciência confiante

Certos logros, como mentiras, embustes, hipocrisia, mentiras convencionais e equívocos, que pretendem transmitir uma verdade mas não o fazem, também podem ser considerados contrastes de aparência e realidade. Mas, como não são considerados ironia, é evidente que a ironia tem algum outro elemento ou elementos além deste contraste. Que a ironia e o logro são vizinhos próximos está claro a partir do termo latino que designa a ironia: *dissimulado* (bem como *ironia*). Em Teofrasto, tanto o *Eiron* quanto o *Alazon* eram dissimuladores, um escondendo-se por trás de máscaras evasivas, esquivas, autodepreciativas, o outro por trás de uma fachada de elogios. Mas o ironista moderno, quer desempenhe um papel eirônico quer um alazônico, dissimula ou, antes, finge, não para ser acreditado mas, como se disse, para ser entendido. Nos logros existe uma aparência que é mostrada e uma realidade que é sonegada, mas na ironia o significado real deve ser inferido ou do que diz o ironista ou do contexto em que o diz; é "sonegado" apenas no fraco sentido de que ele não está explícito ou não pretende ser imediatamente apreensível. Se entre o público de um ironista existem aqueles que não se dispõem a entender, então o que temos em relação a eles é um embuste ou um equívoco, não uma ironia, embora sua não-compreensão possa muito bem acentuar o prazer da ironia para o público verdadeiro. Insinuações e alusões, onde a pessoa a quem se dirige é convidada a completar por inferência o que foi deixado sem dizer, podem ter a intenção de informar ou de enganar – "Ele esteve em Cambridge com Burgess e todo aquele bando" – ou podem ser ironia, como em

> Alice está se casando com um dos guardas.
> "A vida de soldado é terrivelmente dura."
> Diz Alice[3].

3. A. A. Milne, *When We Were Very Young*.

onde o significado real de A. A. Milne está na relação inferível de causa e efeito entre as duas afirmações, uma inferência fora do alcance da criança que narra, que não obstante as justapõe.

No que denominei Ironia Observável – por exemplo, a ironia do ladrão roubado – não há nenhum ironista e, por conseguinte, nenhuma pretensão irônica. Contudo, parece que o nome ironia ficou ligado a situações do tipo do ladrão roubado, através de uma crença num agente sobrenatural ou num Destino, Vida ou Fortuna personificado e hostil. Para Otelo, o corno ignorante era a vítima de diabólica ironia:

> Oh! É a maldade do inferno, a suprema zombaria do diabo,
> Beijar uma devassa num diva, cheio de confiança
> E imaginá-la honrada[4].

Também somos propensos a dizer, quando estamos com grande pressa para sair e um cordão de sapato quebra, "É exatamente o tipo de coisa que teria de acontecer", como se houvesse coisas que maliciosamente desejam, elas próprias, acontecer. Todavia, já que podemos considerar e consideramos irônicos certas situações e eventos sem qualquer referência a um ironista não-humano que se comportasse como os reis de Sião, segue-se que ironista e pretensão irônica são aspectos básicos apenas da Ironia Instrumental.

Por outro lado, somente na Ironia Observável, segundo parece, é que temos a alazonia e o alazon, definindo-se a alazonia como a inconsciência confiante encontrada no ou imputada ao alazon, a vítima da ironia. (Em Teofrasto, o Alazon é apenas um fanfarrão. Mas é notório que tais pessoas tendem a enganar a si mesmas mais do que àquelas a quem se vangloriam e chegam a acreditar em suas próprias invenções.) A alazonia de Portia consiste em sua cegueira segura diante do duplo padrão de seu cristianismo. A alazonia da plebe romana consta da sua crença simplória de

---

4. Shakespeare, *Othello*, IV, i, p. 70-72.

que é possível livrar-se de um inimigo apenas exilando-o. Assim, os americanos empurraram Fidel Castro para os braços dos russos. A alazonia de Antigone e Creonte consiste na sua obstinada cegueira à validade das obrigações de cidadão e de rei, respectivamente. Em alguns casos, o alazon e a alazonia não têm mais existência real do que uma sombra ou uma pós-imagem. Primeiramente, vemos que alguma coisa é irônica, por exemplo, um palácio encontrado em frente de uma choupana, e esta ironia fascinante cria a pós-imagem da alazonia ou o senso de ironia totalmente defeituoso que admitiria tal estado de coisas ou deixaria de refletir sobre ele. Alternativamente, tais ironias podem ser consideradas Instrumentais, isto é, *como se* alguém tivesse tendenciosamente realizado uma incongruência gritante. Aqui é o ironista que é hipotético, não o alazon. Em ambos os casos, dizer que uma tal incongruência simples, embora gritante, é ironia é talvez usar a palavra num sentido reduzido.

A alazonia varia amplamente em vários aspectos. O alazon pode ser totalmente irreflexivo, ou atrevidamente confiante; ou pode ser infinitamente circunspecto, vendo toda cilada menos aquela em que ele cai. Podemos considerá-lo altamente censurável, como Charles, o lutador, em *As You Like It* – "Onde está este jovem galante que está tão desejoso de deitar com sua mãe terra?" – ou perdoável, como Catherine em *Northanger Abbey*; podemos mesmo muito ilógica e "injustamente" imputar alazonia: a Alice ficcional de Milne é uma vítima de ironia porque sua observação "A vida do soldado é terrivelmente dura" é feita como se ela estivesse serenamente inconsciente da presença do verso anterior – "Alice está se casando com um dos guardas" – e assim igualmente inconsciente do efeito produzido pela justaposição. Mas é claro que a justaposição só existe no poema, não no mundo ficcional onde ela fez sua inocente observação. Podemos ver uma alazonia até na tentativa de uma carriça-azul de afugentar a agressiva carriça-azul que ela vê refletida numa janela do quarto de dormir. A confiança de um alazon pode ser totalmente explícita, como quando, confiantemente antecipando e profetizando o fim do mundo, alguém doa todos os seus bens, ou pode ser totalmente implícita: "E muito engraçado, quero dizer", diz Bertie Wooster, quando um policial, no caso o alazon, tem o capacete roubado, "um cara que supostamente encana os caras que afanam coisas de outros caras, vem um cara e rouba alguma coisa dele".

A situação é diferente com a Ironia Instrumental. Aqui, em vez de um alazon realmente inconsciente de que sua linguagem ou comportamento num determinado contexto está incongruentemente em desacordo com a situação tal como a vê o observador, temos um ironista afirmando inconsciência. Embora garantindo (de modo ainda a ser discutido) que seu significado real será inferivel, ele escreverá como se nunca houvesse duvidado do que parece estar dizendo nem mesmo suspeitado de que poderia ser inferido aquilo que ele está realmente dizendo. Este ar de sinceridade, esta maneira plausível, conjugada com a inaceitabilidade *daquilo* que aparentemente está sendo proposto, assemelha-se à ingenuidade do verdadeiro alazon ou vítima da Ironia Observável. A confirmação desta semelhança é encontrada na confusão ou incerteza, não infrequente, que emerge: Evelyn Waugh falou do "sorriso malicioso, complacente" da *Mona Lisa*; mas "malicioso" é apropriado apenas para uma Mona Lisa irônica, ao passo que "complacente" seria apropriado apenas para uma Mona Lisa ingênua ironizada por Leonardo. O crítico de uma tradução recente de *O Conto de Genji* escreve: "Um dos encantos, e dificuldades, do livro é que o leitor nunca está totalmente certo se Murasaki está sendo suavemente irônico ou apenas ingênuo". W. V. O'Connor classifica o poema de Sarah N. Cleghorn (nº 6) de "Ingenuidade", "uma forma especial de ironia a meio caminho entre a ironia verbal e a dramática"[5]. O poema ironicamente elogia a localização conveniente dos campos de golfe e/ou apresenta apenas a situação irônica de um mundo de valores invertidos. O *slogan* da Guerra do Vietnã: "Mate um *commie* por Cristo

5. W. V. O'Connor, "Irony" em Alex Preminger *et al* (eds.), *Princeton Encyclopedia of Poetry and Poetics*, London, 1974.

hoje" pode ser tomado por uma brilhante paródia irônica de um certo ramo de extrema-direita do Fundamentalismo Americano ou como um verdadeiro *slogan* planejado seriamente e, assim, constituindo para um observador irônico uma Ironia Autotraidora do tipo que Carson McCullers apresenta (nº 9). Se o ironista representa o papel fingidamente modesto ou fingidamente circunspecto do eiron ou o papel fingidamente confiante do alazon, ele até certo ponto está representando um papel; ao escrever como ele faz, sugere um escritor ingênuo que se assemelha ao alazon da Ironia Observável.

*Estrutura dramática*

Uma mensagem irônica, até que seja interpretada como se pretendia, tem apenas o som de uma palmada. Em outras palavras, a Ironia Instrumental é um jogo para dois jogadores (embora isto não seja tudo o que ela é). O ironista, em seu papel de ingênuo, propõe um texto, mas de tal maneira ou em tal contexto que estimulará o leitor a rejeitar o seu significado literal expresso, em favor de um significado "transliteral" não-expresso de significação contrastante. Isto às vezes pode ser exprimível de forma plena; "Que belo rosto limpo!", por exemplo, não oferece nenhum desafio sério. Mas, de modo geral (ver nº 2, 3, 5, 6), o significado transliteral é melhor lembrado como uma "esfera semântica latente", como a denomina Lene Petersen[6]. O jogo é jogado quando existe, para usar os termos de Aristóteles, não só uma peripécia ou inversão na compreensão do leitor, mas também uma "anagorise" ou reconhecimento do ironista e de seu verdadeiro intento por trás da pretensão. A interpretação de insinuações e alusões não-irônicas difere desta na medida em que há reconhecimento mas não inversão.

6. Lene Petersen, "Le strutture dell'ironia ne La Conscienza de Seno di ítalo Svevo", *Revue Romane*, nº especial 20, 1979, p. 15; ver também Wayne C. Booth, *A Rhetoric of Irony*, Chicago, 1974, p. 39: "O ato de reconstrução [...] não pode realmente ser *dito*, deve ser *executado*".

Os diagramas seguintes mostram, numa forma simplificada, os processos de transmissão e interpretação da Ironia Instrumental.

*Papéis e Mensagens*

Contexto Sociocultural

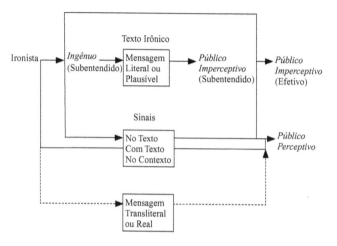

*Notas*

1. Os papéis no "drama" da ironia estão sublinhados. Mas existe um papel que não foi mostrado, o do alvo ou objeto da ironia: quem ou o que o ironista está ironizando. Papéis podem ser combinados: ingênuo e objeto, muitíssimas vezes; ironista e objeto, como na auto-ironia; objeto e público (perceptivo ou imperceptivo), *e. g.*, *Gulliver's Travels*, onde Gulliver = homem (inglês) = leitor; ironista e público, como quando um ironista fala ironicamente para seu próprio prazer privado; objeto e público imperceptivo, *e. g.*, Mr. Collins como alvo de Mr. Bennet em *Pride and Prejudice*. Um público imperceptivo efetivo não é encontrado em toda ironia.

2. Os sinais podem ser parte do texto (*e. g.*, contradições e exageros) ou podem acompanhar o texto (*e. g.*, gestos). Alternativa ou adicionalmente, o ironista pode ser capaz de confiar em seu público que tem os mesmos valores, costumes ou conhecimento que ele mesmo; a inaceitabilidade geral do canibalismo permite que Swift assinale sua intenção irônica em *A Modest Proposal* apenas rápida e transitoriamente. Pode ser levado erroneamente a rotular como "si-

nais no contexto" esta confiança num sistema referencial sociocultural comum. Christine Kerbrat-Orecchioni[7] diz, contudo, que "a interpretação da ironia põe em jogo, além de sua competência linguística, a competência cultural e a ideológica do ironista e do público" e Wayne C. Booth[8] diz: "Quando lemos alguma ironia digna de interesse, lemos a própria vida... Lemos caráter e valor, referimo-nos às nossas convicções mais profundas".

3. O ironista transmite sua mensagem real a seu público somente no sentido de que os mune dos meios de alcançá-la. Daí as linhas pontilhadas.

*"Codificação" e "Decodificação"*

Contexto Sociocultural

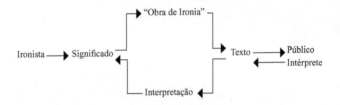

## Notas

1. Por "obra de ironia" (cf. "*Witzarbeit*" ou "obra humorística" de Freud) queremos dizer (*a*) a transformação do significado ou intenção reais na mensagem irônica, *e. g.*, censura transformada em aparente elogio; (*b*) o estabelecimento do grau necessário de plausibilidade; (*c*) o fornecimento de sinais (se houver algum).

2. "Texto" compreende aqui a mensagem plausível juntamente com quaisquer sinais "no texto" e "com o texto", todos os quais o público como intérprete lera no contexto sociocultural comum.

3. A interpretação "inverte" a obra de ironia: motivado pelos sinais ou pelo conflito entre mensagem e contexto, o intérprete abandona a plausibilidade e transforma o elogio em censura, chegando assim ao intento do ironista.

---

7. Christine Kerbrat-Orecchioni, "Problèmes de l'ironie", *Linguistique et Sémiologie*, Travaux du Centre de recherches linguistiques et sémiologiques de Lyon, 1976, vol. II, p. 30.
8. Wayne C. Booth, op. cit., p. 43-44.

Existe uma estrutura dramática equivalente na Ironia Observável, mas geralmente numa forma fraca, onde os papéis do ironista e do público-intérprete são fundidos num só: o observador com um senso de ironia. Podemos dizer ainda que existe tanto anagnorise quanto peripécia em considerar algo como irônico desde que aquilo que está envolvido seja uma reinterpretação de alguma coisa (um evento, uma situação, o estado dos negócios, uma atitude, uma crença ou uma ideia); o observador irônico reconhece ou descobre que este algo pode ser olhado como na verdade o inverso, em algum sentido, daquilo que pareceu ser à primeira vista ou a olhos menos aguçados ou a mentes menos informadas. Em Ironias de Eventos, onde a inversão ocorre no tempo, a estrutura dramática não precisa de maneira nenhuma ser fraca: em *King John* o príncipe francês e o legado papal exprimem cada um sua confiança no apoio ou obediência do outro; e cada um vê anuladas suas expectativas.

A maioria das Ironias Observáveis chegam até nós já prontas, já observadas por alguém mais e apresentadas totalmente formadas no drama, na ficção, no filme, nas pinturas e desenhos, nos provérbios e ditos, de tal modo que o papel do público ou leitor é muito menos ativo do que o do leitor desafiado para um jogo de interpretação por um Ironista Instrumental. No caso o mais ativo é o dramaturgo, o romancista ou o cartunista observadores. A ironia, diz Kierkegaard,

não está presente realmente para alguém que é demasiado natural e demasiado ingênuo, mas somente se mostra para alguém que, por sua vez, é desenvolvido ironicamente... Na verdade, quanto mais desenvolvido polemicamente for um indivíduo, mais ironia ele encontrará na natureza[9].

Ver alguma coisa irônica na vida é apresentá-la a alguém como irônica. (Se somos um artista, então apresentamo-la aos outros.) Esta é uma atividade que exige, além de uma larga experiência de vida e um grau de sabedoria

9. Kierkegaard, *op. cit.*, p. 271-72.

mundana, uma habilidade, aliada a engenho, que implica ver semelhanças em coisas diferentes, distinguir entre coisas que parecem as mesmas, eliminar irrelevâncias, ver a madeira a despeito das árvores, e estar atento a conotações e ecos verbais. Segue-se que, estritamente falando, a ironia está apenas potencialmente no fenômeno e é efetivada somente quando o observador irônico representa-a para si mesmo ou o autor irônico apresenta-a aos outros. O termo "Ironia Observável", portanto, carece de rigor filosófico, como a maioria dos termos, aliás. Existe uma rua em Paris chamada Impasse de l'Enfant Jesus (Beco do Menino Jesus). Para ver ironia neste nome, é necessário que alguém (ao contrário de quem lhe deu o nome) seja sensível às conotações incompatíveis de "impasse" e "Jesus"; mas a ironia é realçada se nos lembrarmos do Evangelho de São João: "Jesus lhe disse: 'Eu sou o caminho... ninguém chega ao Pai senão por mim'" (14:6). Um sentido de ironia implica não só a capacidade de ver contrastes irônicos, mas também o poder de moldá-los na mente de alguém. Inclui a capacidade, quando confrontada de algum modo com alguma coisa, de imaginar ou lembrar ou observar alguma coisa que formaria um contraste irônico. Matthew Arnold, diante da "exuberante autossatisfação" de Sir Charles Adderley e Mr. Roebuck ao dizer:

> Esta raça de gente como a nossa, tão superior a todo o mundo! A velha raça anglo-saxônica, a melhor linhagem no mundo inteiro! Rogo que nossa incomparável felicidade possa durar! Pergunto a você se, por todo o mundo ou na história passada, existe algo assim?

compara-o com um parágrafo que encontrou por acaso num jornal:

> Um chocante infanticídio foi há pouco cometido em Nottingham. Uma mocinha chamada Wragg deixou o asilo no sábado de manhã com seu bebê ilegítimo. A criança logo depois foi encontrada morta em Mapperly Hills, estrangulada. Wragg está detida[10].

10. Matthew Arnold, "The Function of Criticism at the Present Time", *Essays in Criticism*, London, 1884, p. 22-23.

O efeito, como se pretendia, é o de um contraste irônico. O acaso forneceu a Arnold apenas a possibilidade de colocar numa justaposição irônica um quadro complacente e um perturbador da Inglaterra do século XIX; foi o senso de ironia de Arnold que os juntou, constituindo assim uma situação irônica. Da mesma forma, o comentário incidental de Arnold sobre a feiura do nome "Wragg" – "Na Jônia e na Ática eles eram mais felizes neste aspecto... em todo o Ilisso não havia nenhuma Wragg, que coisa!" – pode receber uma conotação irônica às custas de Arnold, se nos lembrarmos que o infanticídio não era desconhecido na Ática e que o próprio Platão o recomendava (em certas circunstâncias) para sua república ideal.

Destes exemplos podemos tirar duas conclusões. A primeira é que não há nada que um ironista "polemicamente desenvolvido", com uma mente bem provida, não possa considerar irônico se desejar; sempre existe em algum lugar um contexto contrastante. Assim, o papel do observador irônico é mais ativo e criativo do que sugere a palavra "observador". A outra é que, embora possamos questionar legitimamente se alguma coisa foi ou não dita ou feita com intenção irônica, não podemos questionar o direito de alguém ver alguma coisa como irônica. Entretanto, podemos questionar seu sentido ou seu gosto.

*Comoção*

Consideramos fundamental a toda ironia um contraste entre "aparência" e "realidade". Algo que é apenas aparente implica erro ou pretensão e disto derivamos a alazonia da Ironia Observável e a pretensa ingenuidade da Ironia Instrumental. Os conceitos aristotélicos de reconhecimento e inversão foram empregados para caracterizar a qualidade dinâmica da ironia na forma de um movimento que vai de uma aparência a uma "realidade" contrastante. Isto levou, incidentalmente, a identificar os papéis envolvidos na ironia a um jogo para dois ou a um modo de apreensão do "ironicamente desenvolvido".

O que ainda precisamos considerar é se existe ou não alguma qualidade-sensação especial que esteja ligada à ironia e deva fazer parte de sua definição. Todos concordarão prontamente que ironias particulares podem afetar-nos muito fortemente mas também de modo bastante diferente: a ironia dolorosa de *Othello*, o aparente insulto que se transforma em cumprimento chistoso, os cômicos equívocos de uma farsa de Feydeau, ou os dois pacientes de manicômio em *Watt* de Beckett que, "depois de uma troca de opiniões", concordam que era "capturando rapidamente um ratinho gordo", cuja confiança haviam ganho ao alimentá-lo com sapos e filhotes de tordos, e dando-o para comer a outros ratos igualmente mansos que eles "chegavam mais perto de Deus". Além disso, enquanto críticos literários, em geral encontraremos mais coisas que nos interessam nas qualidades específicas de cada exemplo do que em alguma qualidade ou qualidades comuns a todos. Enquanto teóricos literários, podemos concordar com Norman Knox[11], para que existem várias classes de ironia – trágica, cômica, satírica, absurda ou niilista, paradoxal –, cada uma das quais tem sua própria "coloração filosófico-emocional".

Ao meu ver, todavia, pode-se argumentar que existe pelo menos uma qualidade-sensação que é comum a todos os exemplos de ironia e que esta não é algo que é obliterado pelo colorido emocional peculiar a classes ou a exemplos de ironia. A ironia, eu diria, é um tema de discussão apenas porque é uma coisa e não várias coisas, e é algo que valorizamos porque, como público-intérprete ou observadores, ela nos dá um prazer especial e não porque nos proporciona prazeres de tipos diferentes. Em outras palavras, não acho que teríamos algum dia sentido necessidade de aplicar a palavra "ironia" a tal classe de fenômeno se isto tivesse dependido de um reconhecimento meramente intelectual dos aspectos fundamentais estabelecidos no primeiro parágrafo deste capítulo.

11. Norman Knox, "On the Classification of Ironies", *Modern Philology*, agosto de 1972, p. 53-62.

Diz Allan Rodway[12] que "a ironia não está apenas em ver um significado 'real' por baixo de um 'falso', mas em ver uma dupla exposição... numa chapa fotográfica". Mas, ainda que vejamos o "falso" como falso, ele é, e deve ser se tiver de ser ironia, apresentado como real. Interpretar *A Modest Proposal*, de Swift, não é um processo que impõe o descarte do significado literal; mesmo aí ele dispõe de toda a sua plausibilidade. Édipo estava enganado em pensar que escapara ao seu destino; mas seu senso da situação como ele a via era real. Um Ironista Instrumental completo tentará obter a maior plausibilidade possível para seu significado ostensível; um autor consumado que apresente Ironias Observáveis procurará emprestar às suas personagens alazônicas a maior convicção possível: Lady Macbeth não dirá "Um pouco d'água nos limpa desse ato" como se ela tivesse graves dúvidas. Não é só na Ironia Dupla ou Paradoxal – como em *Le Cid* de Corneille onde sentimos serem igualmente obrigatórias e absolutas as exigências opostas de Amor e Honra – mas em toda ironia que nos defrontamos com "realidades" coexistentes mas irreconciliáveis, irrelatáveis. Por mais que retornemos a *Macbeth* ou a uma Ironia Instrumental que "percebemos", desfrutamos mais uma vez daquela curiosa sensação especial de paradoxo, do ambivalente e do ambíguo, do impossível tornado efetivo, de uma dupla realidade contraditória.

A ausência desta sensação é que distingue a ironia do que é pesado demais ou leve demais para merecer o nome. Um sarcasmo como "Você é um belo tipo de amigo!" não é por um momento plausível em seu sentido literal; o tom transmite censura tão fortemente que não é possível qualquer sensação de contradição. Ao outro extremo chega o texto que deixa de fornecer ao leitor fundamentos para uma interpretação correta, seja por incompetência seja por perversidade ou malícia, como quando Flaubert falou em escrever seu *Dictionnaire de idées recues* de uma forma tal que o leitor não pudesse dizer com certeza se estava ou não

---

12. Allan Rodway, "Terms for Comedy", *Renaissance and Modern Studies*, vol. VI, 1962, p. 113.

sendo feito de tolo[13]. Aqui, com relação ao leitor burguês que ele tem em mente, Flaubert é um pregador de peças ou um equivoquista e não um ironista, mas para leitores como Bouilhet a ironia se caracteriza claramente pelo necessário senso de contradição.

Pode-se concordar com Knox que esta sensação de paradoxo tem importância especial para o que ele chama Ironia Paradoxal, mas não que é pouco importante em outros tipos. Talvez possamos, neste ponto, sugerir que há uma segunda sensação, uma sensação de libertação, característica da ironia, mas não peculiar a ela, e que as duas sensações variam inversamente entre si, sendo a segunda mais importante nas outras classes de ironia que Knox relaciona: trágica, cômica, satírica ou niilista. Podemos agrupar todas estas como Ironias Fechadas, assim chamadas porque cada uma aponta para a "realidade" que revela definitivamente a aparência, embora sem afetar a plausibilidade ou a verossimilhança desta. (A Ironia Paradoxal é Aberta, no sentido de que a "realidade" que a fecha é uma visão do mundo como algo inerentemente contraditório ou aberto! Creonte e Antigone, os Pinguins e os Porpoises se defrontam entre si até a eternidade.)

Não estou totalmente certo de que "libertação" seja a palavra correta ou a única para esta segunda sensação. O que nós precisamos é, talvez, de uma plêiade de termos psicologicamente relacionados, qualquer um dos quais pode ser o mais adequado num caso particular. Um deles seria comédia. Freud considerava a ironia (Instrumental) algo "muito próximo do gracejo... e... entre a subespécie do cômico... Produz prazer cômico no ouvinte, provavelmente porque o incita a um dispêndio contraditório de energia, que logo se reconhece ser desnecessário"[14]. Nisto ela se assemelha a brincadeiras, que "liberam prazer mediante a liberação de inibições"[15]. G. G. Sedgewick diz da ironia que

13. Flaubert, Carta a Louis Bouilhet, 4 de setembro de 1850.
14. Freud, *Jokes and their Relation to the Unconscious*, trad. James Strachey, revista por Angela Richards, Harmondsworth, 1976, p. 232.
15. Freud, op. cit., p. 185.

"sua força deriva de um dos prazeres mais vivos e mais antigos e menos transitórios da mente humana reflexiva – o prazer em comparar a Aparência com a Realidade"[16]. Que ela é, como em Freud, um prazer cômico está claro a partir do fato de que ele não exclui o "humor sinistro" das situações trágicas em que há ironia. É lógico que *Othello* e *Édipo Rei* não são comédias. Contudo, são espetáculos de cegueira, e chamá-los tragédia não pode tirar deles o que têm em comum com o jogo da cabra-cega: prazer cômico com sobretons de sadismo e voyeurismo. Quanto àqueles que dizem que o trágico (isto é, o deplorável e o terrível) e o cômico são mutuamente exclusivos na vida ou na literatura, estão se movendo cegamente em mundos não-realizados e podemos muito bem perguntar-lhes

> Onde estavas quando lancei os fundamentos [do coração]?
> Diga-me, se estiveres informado.
> Quem tomou suas medidas? Já que tu o sabes.
>
> Jó 38:4-5

Onde estava Fontenelle quando ridicularizou como *digne de la comédie* a cena do *Britannicus* de Racine em que Nero, de um local escondido, força Júnia a elogiá-lo e comportar-se friamente com seu amante Britânico a fim de salvar a vida deste?

A palavra "cômico" sugere uma certa "distância", psicologicamente falando, entre o observador divertido e o objeto cômico; a palavra "liberação" sugere "desobrigação", "desinteresse", e estas por sua vez lembram "objetividade" e "desprendimento". Tomadas em conjunto, constituem o que podemos chamar de postura arquetípica da Ironia Fechada, que se caracteriza, emocionalmente, por sentimentos de superioridade, liberdade e divertimento e, simbolicamente, por um olhar do alto de uma posição de poder ou conhecimento superior. Goethe diz que a ironia ergue o homem "acima da felicidade ou infelicidade, do bem ou do mal, da morte ou da vida". Amiel compara "a

---

16. G. G. Sedgewick, *Of Irony, Especially in Drama*, 1948, p. 5.

sensação que torna os homens sérios [com] a ironia que os deixa livres", e Thomas Mann fala que a ironia é

um olhar claro como o cristal e sereno, todo-abrangente, que é o próprio olhar da arte, isso quer dizer: um olhar da maior liberdade e calma possíveis e de uma objetividade não-perturbada por qualquer moralismo[17].

Em Lucrécio, Lucano, Luciano, Cícero, Dante, Chaucer, Shakespeare, Bacon, Heine, Nietzsche, Flaubert, Amiel, Tennyson, Meredith, sem mencionar a Bíblia, podemos encontrar a ideia de que olhar do alto para as ações dos homens induz o riso ou pelo menos um sorriso.

A autoconsciência do observador irônico enquanto observador tende a acentuar sua sensação de liberdade e induz um estado de satisfação, serenidade, alegria, ou mesmo de exultação. Sua consciência da inconsciência da vítima leva-o a ver a vítima como se estivesse amarrada ou presa numa armadilha onde ele se sente livre; comprometida onde ele se sente descompromissado; agitada por emoções, fustigada, ou miserável, onde ele está indiferente, sereno, ou mesmo movido ao riso; confiante, crédula, ou ingênua, onde ele é crítico, cético, ou disposto a parar o julgamento. Onde sua própria atitude é a de um homem cujo mundo parece real e significativo, ele considerará o mundo da vítima ilusório ou absurdo. Distinguindo os diferentes tipos de heróis na ficção, escreve Northrop Frye, "Se for inferior em poder ou inteligência a nós mesmos, de modo que tenhamos o senso de olhar de cima uma cena de dependência, frustração ou absurdidade, o herói pertence ao modo *irônico*"[18]. Deste ponto de vista, o ironista puro ou arquetípico é Deus – "Aquele que mora nos céus se ri: O Senhor os coloca em ridículo" (Salmos 2:4). Ele é o ironista *par excellence*, porque é onisciente, onipotente, transcendente, absoluto, infinito e livre. A vítima arquetípica da ironia é, *per contra*, o homem, considerado pego

17. Thomas Mann, "The Art of the Novel", em *The Criative Vision*, ed. Haskell M. Block e Herman Salinger, 1960, p. 88.
18. Northrop Frye, *Anatomy of Criticism*, 1957, p. 34.

em armadilha e submerso no tempo e na matéria, cego, contingente, limitado e sem liberdade – e confiantemente inconsciente de que é este o seu dilema.

Podemos citar dezenas de exemplos em que os deuses são imaginados como os espectadores num teatro ou numa cabina, como titereiros, ou como se jogassem um jogo em que os homens são brinquedos, cartas ou peões. Todos estes poderiam ser combinados com imagens do artista na medida em que esta espécie de deus analogamente se aparenta com sua "criação". Friedrich Schlegel, escrevendo sobre *Wilhelm Meister*, de Goethe, diz: "O próprio autor parece encarar as personagens de modo tão leve e caprichoso, raramente mencionando o seu herói sem ironia e sorrindo para sua própria obra-prima do alto de seu espírito"[19]. James Joyce faz eco a Flaubert em enfatizar a distância irônica que o autor enquanto *dieu caché* deveria manter de sua criação.

Estes sentimentos de superioridade, desinteresse, divertimento e satisfação que caracterizam a ironia, especialmente a que chamei Ironia Fechada, podem refletir o temperamento de alguns ironistas e partidários da ironia. Contudo, deveríamos distinguir entre os sentimentos que motivam o ironista e são recriados em seus leitores e a qualidade-sensação da própria ironia. Swift sentiu o efeito dilacerador da indignação selvagem, mas sua ironia se faz de fria mesmo em sua obra mais amarga, sua "modesta proposta" de que os proprietários protestantes ingleses da Irlanda deveriam restaurar a saúde econômica do país comprando e comendo os bebês dos católicos desempregados e pobres:

Assim como em nossa Cidade de *Dublin*, podem ser criados Matadouros para este propósito, nas partes mais convenientes dela, e podemos garantir aos Açougueiros que não ficarão esperando, embora eu antes recomende comprar as Crianças vivas, e enfeitá-las ainda quentes da Faca, como fazemos *Porcos assados*[20].

19. Friedrich Schlegel, "Über Goethes Meister", 1798, em *Kritische Ausgabe*, vol. II, Hans Eichner, Paderborn e Munich, 1967, p. 133.
20. Jonathan Swift, *A Modest Proposal*.

Um sentimento que, da forma mais natural possível, poderia encontrar expressão num uivo de angústia e desespero que aqui foi transformado num tratado econômico defendido racionalmente, colorido apenas pelo tom complacente, autocongratulatório do modesto propositor. Swift conseguiu controlar o impulso de deixar escapar o que sente: houve uma pausa, um distanciamento, uma intelectualização, e, no final, embora nada pudesse ter tido um impacto emocional maior, alguma coisa foi feita tanto quanto foi dita. Anatole France juntou uma vez a ironia e a devoção. A ironia a que ele deu valor, disse ele, era uma ironia qualificada por gentileza e benevolência. Outros procuraram uma relação mais íntima, um conceito de ironia no qual um ingrediente especial era a simpatia e não menos do que o desinteresse. Thomas Mann, por exemplo, em seu romance goethiano *Lotte in Weimar* e em outros escritos, considera a ironia ao mesmo tempo diabólica e divina, niilista e todo-abrangente, objetiva e tema. Sem dúvida, ele conhecia um desenvolvimento semelhante em Friedrich Schlegel, onde, como vimos, a criatividade entusiasta, que era complementar de uma autodelimitação irônica, poderia ser também considerada um aspecto de um entendimento mais amplo, dialético, da ironia. E talvez inevitável, numa época autocrítica, relativista, que a ironia tivesse assim de desenvolver-se de um estado "fechado" para este estado "aberto" ou ambivalente, paradoxal, no qual ela é ao mesmo tempo desinteressada e envolvida, crítica e simpatética. Chegamos mesmo a ver que pode haver perigos na ironia, tal como é definida por Thomas Mann:

esta ironia que olha para ambos os lados, que joga em segredo e irresponsavelmente – todavia não sem benevolência – entre opostos, e não tem muita pressa em tomar partidos e chegar a decisões [que] possam se mostrar prematuras[21].

A Ironia Aberta ou Paradoxal tende, como mostraram Kierkegaard e Wayne Booth, a desenvolver um relativismo

21. Thomas Mann, "Goethe e Tolstoy", *Essays of Three Decades*, trad. H. T. Lowe-Porter, London, 1947, p. 173.

galopante, do qual ela pode ser salva pelo menos em teoria, por uma chamada à ordem na forma de um riso irônico renovado a partir do alto, porém mais provavelmente pelas exigências práticas da vida.

*Características Variáveis*

No processo de seguir a evolução do conceito de ironia e de estabelecer os aspectos básicos, já emergiram algumas distinções entre classes de ironia, notadamente as diferenças entre a Ironia Instrumental e a Observável e entre a Ironia Fechada e a Aberta (ou Paradoxal). O termo Ironia Paradoxal foi proposto por Knox[22], que relaciona outras quatro classes e distingue as cinco entre si com base em três critérios (os quais, contudo, modifiquei um pouco):

1. Atitude para com a vítima da ironia, que vai de um alto grau de desinteresse a um alto grau de simpatia ou identificação.
2. Destino da vítima: triunfo ou derrota.
3. Conceito de realidade: se o observador irônico considera que a realidade reflete os seus valores e é hostil a todos os valores humanos.

Estas nos dão as quatro Ironias Fechadas:

I. A realidade reflete os valores do observador:

*a.* "A *ironia cômica* ["cômica" no sentido de final-feliz] revela o triunfo de uma vítima simpatética." (O fato de suas expectativas confiantemente obscuras serem derrotadas torna cômica sua situação também no sentido comum.)
*b.* "A *ironia satírica* revela o malogro de uma vítima não simpatética."

II. A realidade é hostil a todos os valores humanos (malogro, portanto, inevitável):

*c.* "A *ironia trágica*, predomina a simpatia pela vítima."

22. Norman Knox, "Irony", *Dictionary of the History of Ideas*, vol. II, 1973, p. 627.

*d*. "Á *ironia niilista*, o desinteresse satírico equilibra ou domina a simpatia, mas resta sempre um certo grau de identificação desde que [o observador] compartilhe necessariamente a condição da vítima."

A quinta classe de Ironia Paradoxal é aberta ou ambivalente com relação à simpatia (poderia haver, por exemplo, duas vítimas opostas igualmente simpatéticas), ao resultado (um malogro que é também triunfo), e ao conceito de realidade ("tudo é relativo: a realidade em parte reflete e em parte não reflete os valores humanos"). Knox não faz distinção entre Ironia Observável e Ironia Instrumental, mas é claro que ele está pensando em termos desta. Equivalente a (*a*) e a (*b*) em termos de Ironia Instrumental seria, por exemplo, "censurar a fim de elogiar" e "elogiar a fim de censurar". Não poderia haver equivalentes "Instrumentais" a (*c*) e a (*d*), porque uma realidade definida como hostil deixaria de autenticar o significado real do ironista.

No restante deste tópico, os aspectos variáveis em que estarei interessado são aqueles que afetam a qualidade da ironia. Podemos indagar o que torna uma situação ou um evento mais irônico do que outro e também o que se pode fazer para acentuar a ironia de uma situação dramática ou melhorar o efeito retórico ou artístico de um estilo irônico. Tenho como certo que ninguém pode estar interessado na ironia e ser indiferente à qualidade da ironia; minha tentativa, no tópico anterior, de argumentar que os aspectos básicos da ironia abrangem certas qualidades de sentimento já implicava isto. Quando estou falando de meios de realçar a ironia, pode parecer que eu esteja prescrevendo regras para os artistas, uma tarefa questionável, sendo os artistas definidos como aqueles que sabem como romper com vantagem as regras da arte. Assim, em tudo o que segue, qualquer coisa que possa parecer uma regra deve ser entendida como algo prefaciado pelas palavras "em iguais circunstâncias".

Uma ironia retoricamente efetiva, uma esteticamente agradável, ou simplesmente uma ironia notável deve seu sucesso, segundo parece, amplamente a um ou mais de um pequeno número de princípios e fatores. Alguns destes parecem ser aspectos de um princípio mais geral que não posso identificar.

*O princípio da economia*

Estilisticamente falando, a ironia é um dandismo, cujo primeiro objetivo, como nos conta Max Beerbohm, ironista e dândi, é "a produção do efeito máximo através dos meios menos extravagantes". O ironista consumado usará tão poucos sinais quanto puder. Não denunciará os males da inveracidade histórica quando, com Jane Austen, precisa apenas dizer que julga "a verdade... muito desculpável num historiador". Como um lutador de jiu-jitsu ou um catalisador, ele agirá apenas para pôr em ação o potencial autodestrutivo de seu oponente: a paródia, a *reductio ad absurdum*, a concordância irônica, o conselho e o encorajamento, a pergunta retórica e várias outras táticas irônicas podem todas ser consideradas um tipo de economia de esforço. O ironista que esconde seu ataque por trás de uma máscara de ingenuidade ou insensibilidade está dizendo que a inteligência e a sensibilidade não são necessárias para demolir um adversário tão fraco.

Na Ironia Observável está em ação o mesmo princípio. O caçador está preso em sua *própria* armadilha. A cera que colou as penas de Ícaro e lhe deu condições de voar de Creta é, quando se derrete ao sol, reempregada como causa de sua queda: "Economia, economia, Horácio!" O princípio de economia parece atuante mesmo quando o caçador está preso na armadilha de outro, já que tanto a vítima quanto o vitimador podem, de algum modo, ser considerados uma e mesma pessoa. Assim, é irônico que os maus se tornem as vítimas de maldade e mais irônico que um criminoso que pratica um crime altamente específico se torne uma vítima de outro exatamente no mesmo jogo. E como se ele, economicamente, tivesse caído em sua própria cilada.

## O princípio do alto-contraste

Outra forma de explicar por que é irônico um ladrão ser roubado ou um instrutor de natação se afogar é indicar a improbabilidade deste evento, isto é, a disparidade entre o que se pode esperar e o que acontece realmente. Quanto maior for a disparidade, maior será a ironia: "Quanto mais fundo você vê / Maior será a altura de onde cairá". Os contrastes irônicos assumem muitas formas: causa trivial e efeito momentâneo (Por querer uma unha... perdeu a batalha); grandes expectativas e anticlímax (*Parturient montes, nascetur ridiculus mus**); enorme esforço para realizar a meta mais alta perdida no último minuto e pelo acaso mais simples. Ou a disparidade pode ser entre a inevitabilidade de um resultado ou a certeza de um fato e uma aparência de indeterminação, casualidade ou possibilidades abertas. O que Knox chama de Ironia Niilista pode ser realçado se aumentarmos a injustiça, a disparidade entre culpa e recompensa imerecida, ou inocência e castigo.

Este princípio do alto-contraste se aplica também ao alazon. Em vez de aumentar o fosso entre a aparência e a realidade, ou entre a expectativa e o evento, pode-se exagerar a confiança cega do alazon ou a circunspecção, ingenuidade ou perseverança que ele demonstra em tentar evitar o inevitável. Certeza e circunspecção podem ser contrárias, mas num alazon elas equivalem à mesma coisa desde que sua circunspecção tenha um ponto cego precisamente onde não deveria. Pode-se ressaltar a ironia ao se mostrar o alazon não só confiante ou desconfiado mas explicitamente assim. Costard, em *Love's Labours Lost*, assegura a Berowne finalmente que três vezes três não são nove.

---

\* *As montanhas partem, nasce um rato ridículo.* Pensamento de Horário que La Fontaine comentou em *La Montagne qui accouche*, e que, na aplicação, serve para qualificar as promessas não seguidas de efeito. (N.doT.)

## A posição do público

Particularmente no teatro, a qualidade da ironia depende muito do fato de a plateia já saber o resultado ou o verdadeiro estado das coisas ou de ser informada disto somente quando a vítima também o é. No primeiro caso, a ironia é um espetáculo de cegueira e pode ser mais realçado se as falas da vítima forem aplicáveis não só à situação do jeito que ela a vê mas também à situação como o leitor ou a plateia sabe que é. Assim, no poema de Arnold, Rustum se defronta com seu filho Sohrab (cada um escondendo sua própria identidade e ignorando a identidade do outro) e diz:

> Pois sei bem que o grande Rustum esteve
> Diante de ti neste dia, e foi revelado,
> Então não haveria mais nenhuma conversa de luta[23].

No palco, este artifício de consciência discrepante, para empregar um termo de Bertrand Evans[24], pode ser variado de diversas maneiras: somente a plateia pode entender a plena importância do que é dito; uma ou mais personagens podem saber no todo ou em parte o que a plateia sabe; uma personagem que está desinformada pode falar ou ouvir em ignorância o que é de seu interesse ou desinteresse; a presença de uma personagem pode ser escondida de uma ou mais ou de todas as outras personagens; tal personagem oculta pode estar a par ou no escuro; e pode dirigir-se à plateia ou simplesmente ver ou ouvir por acaso o que pode ser de seu interesse ou desinteresse. Nas cenas irônicas mais tensas que posso recordar de uma comédia ou tragédia, a plateia vê A, que está escondido, B, que sabe da ocultação mas não deve revelar qualquer conhecimento dela embora esteja ansioso para impedir que C, ignorante da ocultação, diga o que antagonizará A e prejudicará a si próprio e a B. Podemos encontrar uma cena deste tipo em *The School for Scandal* e em *Britannicus*. Não obstante tudo

---

23. Arnold, *Sohrab and Rustum*, p. 370-72.
24. Bertrand Evans, *Shakespeare's Comedies*, Oxford, 1960.

isso, existem ironias efetivas nas quais a plateia é mantida sem informação. Shirley Hazzard, em *Transit of Venus*[25], lança uma clara cilada ao leitor, deixando-o saber que uma personagem que há pouco dissera à heroína: "Nós, pessoas comuns, podemos dizer mais ou menos como certas coisas provavelmente irão ocorrer conosco" vai morrer três meses mais tarde num desastre de avião, mas não o informa, até o fim do romance, de que a heroína estará no mesmo avião.

*Tópico*

Em iguais circunstâncias, as ironias serão mais ou menos poderosas proporcionalmente à quantidade de capital emocional que o leitor ou o observador investiu na vítima ou no tópico da ironia. Dizer isso não significa abandonar os reinos da arte e da ironia e entrar nos da pura subjetividade e preferência individual; as áreas de interesse que mais prontamente geram ironia são, pela mesma razão, as áreas em que se investe mais capital emocional: religião, amor, moralidade, política e história. A razão é, naturalmente, que tais áreas se caracterizam por elementos inerentemente contraditórios: fé e fato, carne e espírito, emoção e razão, eu e o outro, dever-ser e ser, teoria e prática, liberdade e necessidade. Explorar estes ironicamente é adentrar uma área em que o leitor já está envolvido.

---

25. Shirley Hazzard, *Transit of Venus*, New York, 1980.

## 4. A PRÁTICA DA IRONIA

*Ironia Verbal*

Neste capítulo final, examinarei, seletivamente, a ironia em ação, e neste tópico analisarei as Ironias Instrumentais em que a linguagem é o instrumento. Como iremos ver, nem sempre é possível distinguir entre a Ironia Instrumental e a apresentação da Ironia Observável, mas geralmente a distinção é clara: na Ironia Instrumental o ironista diz alguma coisa para vê-la rejeitada como falsa, *mal à propos*, unilateral etc.; quando exibe uma Ironia Observável o ironista apresenta algo irônico – uma situação, uma sequência de eventos, uma personagem, uma crença etc. – que existe ou pensa que existe independentemente da apresentação.

Um retórico suficientemente obstinado poderia talvez identificar tantas maneiras de ser irônico quantas há de usar palavras. Limitar-me-ei às variedades mais comuns de Ironia Verbal, em muitas das quais a técnica básica é "concordar com" o alvo irônico e colocá-lo em alto-relevo ou depreciar-se, que é o método da escariação ou do entalhe.

A forma mais simples de ironia verbal "de alto-relevo" é o elogio antifrástico no lugar da censura, por exemplo, os "Parabéns!" que desejamos ao "esperto Alec" que desapontou a facção. Isto pode ser elaborado em inúmeras direções. O exemplo mais conhecido talvez de concordância irônica na literatura inglesa está na apresentação do monge profano por Chaucer:

> E eu disse que sua opinião era boa.
> Por que ele deveria estudar e tornar-se doente,
> Sempre se lançar sobre um livro, no claustro,
> Ou labutar com as mãos, e trabalhar,
> Como ordena Agostinho? Como o mundo seria servido?[1]

A obra *Directions to Servants*, de Swift, sua sátira dos erros e asneiras dos criados, é formada de conselhos aos servos a fazer o que já fazem frequentemente e reproduz suas fracas desculpas como razões válidas: "No Tempo do Inverno acenda o Fogo da Sala de Jantar mas dois Minutos antes de ser servido o Jantar, a fim de que Seu Amo possa ver como você economiza os seus Carvões". Em seu *L'Esprit des lois*, Montesquieu ineptamente defende a escravidão:

> Os povos da Europa, depois que exterminaram os da América, tiveram de escravizar os da África para ter alguém que trabalhasse toda essa terra.
> O açúcar seria caro demais se não tivéssemos escravos para cultivar a cana-de-açúcar.
> Os povos em questão são pretos da cabeça aos pés; e seus narizes são tão chatos e esmagados que é quase impossível sentir alguma piedade por eles.
> Não se pode levar alguém a pensar que Deus, que é tão sábio e judicioso, teria colocado uma alma, e sobretudo uma alma virtuosa, dentro de um corpo que é totalmente preto[2].

---

1. G. Chaucer, *The Canterbury Tales*, *General Prologue*, p. 183-87.
2. Montesquieu, *L'Esprides lois*, livro XV, Cap. 5.

A hipérbole é o dispositivo mais óbvio para "determinar" o que está sendo atacado. Um dos exemplos mais ilustres em inglês deve estar em *The Merchant's Tale*, de Chaucer. January, o "digno cavaleiro" deste conto, com a idade de sessenta anos, entendeu que devia casar-se; seu elogio das esposas e do casamento percorre nada menos que 130 versos:

> Tomar uma esposa é uma coisa gloriosa
> E principalmente quando um homem é velho e pobre;
> Pois uma esposa é o fruto de seu tesouro.
> Então deveria ele tomar uma esposa jovem e bela.
> [...]
> Pois quem pode ser tão jovial quanto uma esposa?
> Quem é tão fiel, e procura tão atenta
> Mantê-lo, doente ou saudável, como é de seu feitio?
> Pois no bem ou no mal ela não o abandonará;
> [...]
> Uma esposa! Oh! Santa Maria, *benedicite*!
> Como pode sofrer alguma adversidade
> Um homem que tem uma esposa? Decerto, não posso dizer.
> [...]
> Ela mantém seu bem-estar, e nunca pede uma barganha;
> Tudo o que seu marido deseja, ela o faz bem;
> Ela nunca diz "não", quando ele diz "sim".
> "Faz isto", ele diz; "Prontamente, senhor", ela responde[3].

Como o "digno cavaleiro" é apresentado como sendo sincero naquilo que diz, o que temos, estritamente falando, é uma Ironia Observável. Contudo, sendo ela apresentada por Merchant, um casado infeliz, é fácil imaginá-lo repetindo a longa exposição de January com uma amarga ironia (que Chaucer pretende talvez que achemos divertida).

A *reductio ad absurdum* termina, por definição, com a destruição da posição do oponente; mas começa como se a posição fosse pelo menos sustentável. Um bom e breve exemplo é o poema de Brecht, "A Solução", sobre o levante operário de 1953, que "põe em cena" com muita eficácia

---

3. G. Chaucer, *The Merchant's Tale*, versos 1268-71, 1287-90, 1337-39, 1343-46.

a contradição latente na pretensão da Alemanha Oriental de ser uma democracia do povo:

> Depois do levante de 17 de junho
> O Secretário da Sociedade dos Escritores
> Distribuiu folhetos na alameda Stalin
> Nos quais se podia ler que o Povo
> Perdera a confiança no Governo
> E só poderia ganhá-la de volta
> À custa de esforços redobrados. Se assim fosse,
> Não seria mais simples que o Governo
> Dissolvesse o Povo
> E elegesse um outro?[4]

Em 1756, Soame Jenyns propôs explicar a miséria humana com a hipótese de "seres superiores... que têm poder de enganar-nos, atormentar-nos, ou destruir-nos, com o fim tão-somente de seu próprio prazer ou utilidade"[5], tratando-nos assim como tratamos os animais inferiores. Tal especulação inútil levou o Dr. Johnson a criar uma sequência:

> Não posso resistir à tentação de contemplar esta analogia, que, penso eu, ele poderia ter levado adiante, para maior vantagem de seu argumento. Poderia ter mostrado que estes "caçadores, cujo jogo é o homem", têm muitos esportes análogos ao nosso próprio. Enquanto nós afogamos cachorrinhos e gatinhos, eles se divertem, ocasionalmente, em afundar um navio, e se mantêm em torno dos campos de Blenheim, ou dos muros de Praga, enquanto cercamos uma cabina. Enquanto atiramos num pássaro em voo, eles pegam um homem no meio de seu negócio ou prazer, e abatem-no com uma apoplexia. Alguns deles são talvez virtuosos, e se deliciam com as operações de uma asma, como um filósofo humano se compraz com os efeitos da bomba de ar. Inchar um homem com uma pomposidade é tão bom esporte quanto soprar uma rã. Muitos acessos divertidos têm esses seres alegres nas vicissitudes de uma malária, e bom esporte é ver um homem cair com uma epilepsia, e reviver e cair de novo, e tudo isto ele não sabe por quê. Como eles são mais sábios e mais poderosos do que nós, têm diversões mais esquisitas; pois não temos meios de obter qualquer esporte tão ativo e tão duradouro, como os paroxismos da gota e do cálculo, que, indubitavelmente, devem dar gran-

---

4. B. Brecht, "A Solução", trad. Martin Esslin, *Encounter*, junho de 1959, p. 60.
5. *The Works of Soame Jenyns*, London, 1790, vol. III, p. 72.

de alegria, especialmente se o jogo for um pouco diversificado com os erros e embaraços do cego e do surdo.

Então, adotando uma visão mais ampla, Johnson traz o próprio Jenyns à berlinda:

> Um esporte a malícia divertida destes seres encontrou meios de praticar, do qual não temos nada igual ou semelhante. Eles de vez em quando pegam um mortal, orgulhoso de suas partes [e] enchem [sua cabeça] com noções inúteis, até que, com o tempo, eles transformam seu brinquedo num autor [de] um tratado de filosofia. Então começa o pobre animal a se enredar em sofismas, e espojar-se em absurdos, falar confiantemente da escala do ser, e dar soluções que ele mesmo confessa ser impossível entender[6].

Não devemos perder a oportunidade de indicar aqui que Johnson não só escreveu com ironia, mas também criou uma situação irônica de um tipo altamente instrutivo: a "malícia divertida" com que tratou ironicamente a confiança cega de Jenyns em suas "noções inúteis" desenvolve uma tríplice analogia da vida, do teatro e da ironia; o ironista é um "ser superior", seres superiores encaram a vida como uma comédia, como um "jogo… diversificado com os erros e embaraços do cego e do surdo", e montar tal comédia é praticar ironia. O que Johnson nos deu foi um maravilhoso modelo ou arquétipo do que chamei Ironia Fechada, com suas afinidades com o exercício do conhecimento e do poder e seus tons superpostos de voyeurismo e sadismo (não-sexuais). Devemos lembrar-nos do que disse Nietzsche: "Só se poderia justificar a existência em termos estéticos": "Segundo a lógica primitiva do sentimento (mas o nosso próprio é tão diferente?) justificava-se qualquer mal cujo espetáculo se mostrasse edificante para os deuses"[7].

Concordaríamos também com o alvo irônico, embora num sentido mais fraco, se, em vez de exaltar seus méritos, se minimizassem seus defeitos. A forma mais comum desta estratégia irônica é a narração incompleta; aqui Kierke-

---

6. *Dr. Johnson's Works*, London, 1825, vol. VI, p. 64-66.
7. Friedrich Nietzsche, *The Birth of Tragedy* e *The Genealogy of Morals*, trad. Francis Golffing, New York, 1956, p. 9 e 201.

gaard apresenta o obviamente absurdo não como o auge do entendimento filosófico mas apenas como algo não de todo satisfatório:

> Caro Leitor: Quero saber se você às vezes não se sentiu inclinado a duvidar um pouco da justeza da máxima filosófica [hegeliana] familiar de que o externo é o interno, e o interno é o externo[8].

As alusões de Michael Frayn a estes "pequenos deslizes" como o repatriamento forçado para a URSS desejado pelo governo e o perdão de Stalin a milhões de russos fugitivos têm também seu interesse aqui. Em *Gulliver's Travels*, Swift apresenta as causas (obviamente injustificáveis) da guerra no tom apropriado para assuntos de pouca monta:

> Às vezes a Disputa entre dois Príncipes é para decidir qual deles deverá desapossar um Terceiro de seus Domínios, onde nenhum deles tem pretensões a qualquer Direito. Às vezes um Príncipe disputa com outro, por medo de que o outro venha a disputar com ele[9].

Os retóricos têm um termo, "preterição", que pode ser aplicado à pretensão irônica de não mencionar alguma coisa ("Longe está de mim dizer algo aqui de sua...") ou de que ela não é digna de menção: quando o castelo ardeu com todas as suas pinturas e mobílias, estábulos e granjas, o agente na canção de Paul Misraki relata

> mais à part ça, Madame La Marquise,
> Tout va três bien, tout va três bien*.

O método do entalhe isola o alvo ou o objeto da ironia, não o promovendo ou a ela, mas rebaixando-se, bancando o ingênuo eirônico não o alazônico. Um exemplo simples desta tática que remonta a Sócrates aparece em

---

8. S. Kierkegaard, *Either/Or*, trad. David e Lillian Swenson, New York, 1959, p. 3.
9. Jonathan Swift, *Gulliver's Travels*, livro IV, Cap. 5.
\* ... mas, fora isso, Senhora Marquesa, tudo vai bem, tudo vai muito bem. (N. do T.)

Charles Rycroft[10]: "Já que o autor [*i. e.*, o próprio Rycroft] sofre do defeito constitucional incomum de ser incapaz de compreender os escritos de Jung..." Sob o mesmo título geral surge pretensa dúvida onde nada é duvidoso, pretenso erro ou ignorância, e pretensas apologias, deferência ou espanto:

> Ora não é de Deus uma plena e bela graça
> Que o espírito de um homem tão ignorante supere
> A sabedoria de um monte de homens letrados?[11]

Na passagem seguinte, Gibbon satiriza as proezas dos heróis bíblicos, simulando acusar de ceticismo, ignorância, estreiteza de visão, petulância, heresia e puritanismo aqueles que tinham "objeções contra a autoridade de Moisés e dos profetas":

> Existem algumas objeções contra a autoridade de Moisés e dos profetas que rapidamente se apresentam ao espírito cético; embora elas possam derivar apenas de nossa ignorância da antiguidade remota, e de nossa incapacidade de formar um julgamento adequado da economia Divina. Estas objeções foram admitidas avidamente e instigadas petulantemente pela vã ciência da Gnóstica. Como esses heréticos, em sua maioria, são avessos aos prazeres do sentido, eles impudentemente censuram a poligamia dos patriarcas, os galanteios de Davi e o harém de Salomão. A conquista da terra de Canaã e a extirpação dos nativos indesconfiáveis, eles tiveram dificuldades em reconciliar com as noções comuns de humanidade e justiça. Mas quando ponderaram sobre a lista sanguinária de assassínios, de execuções, e de massacres, que maculam quase todas as páginas dos anais judaicos, tomaram conhecimento de que os bárbaros da Palestina tinham praticado tanta compaixão para com seus inimigos idolatras quanto sempre tinham mostrado com relação a seus amigos ou compatriotas[12].

Existem outros meios reconhecidos de ser irônico que não implicam obviamente simular aceitar a postura da ví-

---
10. Charles Rycroft, *A Critical Dictionary of Psychoanalysis*, Hardmondsworth, 1972, p. IX.
11. G. Chaucer, *The Canterbury Tales*, General Prologue, 573-75.
12. Edward Gibbon, *The Decline and Fall of the Roman Empire*, Cap. 15.

tima ou ser incapaz de entendê-la. Quando Dryden, por vingança, quis chamar a peça *The Duke of Lerma*, de Sir Robert Howard, de não-dramática e não-original, ele o fez da seguinte forma:

> Para começar comigo – ele me dá o apelativo de *O Autor de um Ensaio Dramático*, que é um pequeno discurso em diálogo, em sua maior parte tirado das observações de outros: portanto, que eu não seja inferior a ele em civilidade, devolvo-lhe seu cumprimento chamando-o de *O Autor do Duque de Lerma*[13].

Esta é uma insinuação irônica; o leitor deve primeiro ver a semelhança subentendida entre a peça e o ensaio antes de poder ver que o cumprimento é irônico. Na passagem seguinte, John Bayley ironiza F. R. Leavis ao descrever Iago numa linguagem que é inequivocamente a linguagem com que Leavis pode ser descrito. Depois de citar a dura crítica de Leavis a Otelo, Bayley continua:

> Podemos registrar neste ponto a curiosa ironia que aqueles que se recusam a ser logrados por Otelo encontram-se na companhia de Iago. Iago também está interessado, sem dúvida nenhuma, na verdadeira natureza de Otelo, e não é um homem tolerante: suas opiniões sobre vida, moral e sociedade são, na verdade, muito definidas. Além disso, seu tom sugere ocasionalmente que, embora ele tenha "identificado" Otelo, ele continua exasperado com ele, na verdade invejoso dele, pois, embora o império e a nobreza de Otelo sejam uma pretensão fraudulenta, eles são impostos com tal convicção e sucesso irritantes ao mundo em geral[14].

Isto também poderia chamar-se insinuação ou, para distingui-la do exemplo anterior, ironia por analogia: o que parece ser uma revelação de A é na verdade ou também uma revelação de B cuja semelhança com A tem de ser inferida. A *Ópera do Mendigo*, *Animal Farm* e outras alegorias satíricas são também ironia por analogia.

Diz-se comumente que um escritor está sendo irônico quando na realidade o que ele está fazendo é apresentando

13. John Dryden, *Defence of an Essay of Dramatic Poesy*.
14. John Bayley, *The Characters of Love*, London, 1960, p. 129.

(ou criando) algo que ele considerou irônico; em outras palavras, também consideramos Ironia Verbal a apresentação verbal da Ironia Observável. Este uso pode ser justificado com base no fato de que uma apresentação desta espécie implica usualmente habilidades verbais semelhantes. Como foi explicado no tópico sobre a estrutura dramática da Ironia (no Cap. 3), o que chamei de Ironias Observáveis existe apenas potencialmente nos fenômenos observados e torna-se efetivo somente através da apresentação; quanto mais hábil for a apresentação, mais clara é a situação irônica "observada". Podemos encontrar um bom exemplo em *The Flounder*, de Günter Grass:

> Que contradições ideológicas oferece àquele que dispõe de entretenimento dialético (no sentido marx-engelsiano) o fato de, num país comunista ["a República Popular da Polônia"], o Estado dar ordens de atirar nos operários, trinta mil deles, que apenas estão cantando a Internacional fora da sede do partido num protesto proletário?[15]

Está claro que isto foi escrito de uma forma que ressaltasse as contradições. Teria parecido escassamente irônico se tivéssemos lido:

> Como os operários dos estaleiros em protesto (cantando a Internacional) não deram mostras de se dispersar, as autoridades foram obrigadas a dar ordens de atirar. Estimou-se que no momento havia cerca de trinta mil operários na Rua... onde se localiza a sede do partido.

Por outro lado, Grass poderia ter salientado as contradições, acrescentando que as ordens de atirar nos operários foram dadas e obedecidas por outros operários, o exército do povo e a polícia do povo.

Há outro meio de ser irônico que pode igualmente ser considerado a criação de uma Ironia Observável. E quando ao ingênuo eirônico, uma simples sombra no gibboniano "Temos dificuldades em entender", é dada uma existência

---

15. Günter Grass, *The Flounder*, trad. Ralph Manheim, Harmondsworth, 1979, p. 114.

dramática aparentemente independente como um *ingénu* que pode fazer perguntas ou comentários cuja importância total ele não compreende. A eficiência deste modo irônico provém de sua economia de meios; simples senso comum ou mesmo simples ignorância ou inocência podem ser suficientes para ver através das complexidades da hipocrisia ou expor a irracionalidade do preconceito. O exemplo seguinte é tirado de um *sketch* de terceira categoria de Mark Twain, *Little Bessie Would Assist Providence*:

– Mamãe, por que existe tanta dor e tristeza e sofrimento? Para que isso tudo?
– É para o nosso bem, meu filho. Em Sua sabedoria e mercê o Senhor nos manda estas aflições para nos disciplinar e nos tornar melhores... Nada disso vem por acidente.
– Não é estranho?... Ele deu a Billy Norris o tifo?
– Sim.
– Para quê?
– Por quê, para disciplina-lo e torná-lo bom.
– Mas ele morreu, mamãe, e assim ele não pôde tornar-se bom.
– Bem, então, suponho que foi por alguma outra razão... Eu acho que foi para disciplinar seus pais.
– Bem, então, não foi honesto, mamãe... *ele* foi o único que foi punido... Ele fez o telhado cair em cima do estranho que estava tentando salvar do fogo a velhinha paralítica, mamãe?[16]

O *ingénu* na literatura setecentista é muitas vezes um não-europeu, um visitante da China ou da Pérsia, ou um pele-vermelha, taitiano ou do País dos Gigantes, que não vê, como nós, o mundo através dos óculos obscurecidos ou desvirtuados por crenças, costumes e convenções, mas sadiamente com os olhos do senso comum ou da racionalidade. Por exemplo, para o taitiano Oru, no *Suplemento à Viagem de Bougainville*, de Diderot, é difícil entender o conceito católico-romano do celibato sacerdotal.

No tocante a um *ingénu* do século XX, podemos buscá-lo no *Apanhador de Centeio*, de J. D. Salinger. O herói, Holden Caufield, é apresentado como um adolescente inar-

---

16. Citado *apud* Norman Foerster, ed., *American Poetry and Prose*, 4ª ed., Boston, 1957, p. 1048-49.

ticulado, subliterato, "tristemente contorcido", totalmente incapaz de harmonizar sua vida. Não obstante, somos levados a ver que ele tem um olho bom para o que é fingimento em outras pessoas e que seus próprios valores são firmes mesmo quando ele pensa que não o são:

> Você sabe qual é o meu problema? Eu nunca fico excitado realmente – quero dizer, excitado sexualmente *de verdade* – por uma pequena de que eu não goste bastante. Quero dizer, preciso *gostar* dela bastante. Se não, como que perco meu maldito desejo por ela e tudo. Rapaz, realmente minha vida sexual é uma coisa terrível. Minha vida sexual tresanda[17].

Diante desta confissão, ele é aconselhado a procurar um psicanalista, conselho que traduzimos como a maneira de Salinger implicar a psicanálise na degradação da moralidade sexual na América da época.

Existe aqui uma linha direta de desenvolvimento que vai da simples Ironia Verbal – "Como devo ser estúpido para não ver o que todos os outros têm como certo!" – ao complexo caráter ficcional apresentado como coisa aparentemente estúpida ou imatura. Mas os papéis da ironia na ficção serão discutidos mais tarde.

## *Ironia no Teatro*

Neste tópico e no seguinte, tentarei mostrar que o teatro e a ficção narrativa tendem ambas a gerar ironia. Haverá muita superposição nos tipos de ironia gerados, mas, falando explicitamente, as espécies de ironia mais típicas do teatro não são as mais típicas do romance.

No texto que segue, os termos "teatro" e "teatral" serão usados muitas vezes para designar o elemento visual ou, antes, espetacular no drama, o impacto estonteante imediato, o *show* do *show biz*. Isto sugere imediatamente uma vinculação com a ironia, porque é a plateia que vê e as

---

17. J. D. Salinger, *The Catcher in the Rye*, Hardmondsworth, 1958, p. 153.

*dramatis personae* que são vistas, que não têm consciência de serem observadas, cegas ao fato de estarem sendo olhadas. Esporadicamente, as personagens não são literalmente cegas ou cegadas e quase invariavelmente são metaforicamente cegas, quer por intenção quer por acidente, às maquinações do vilão, aos ardis do herói ou da heroína, às manipulações do destino, à identidade do outro, ou às suas próprias naturezas ou motivos. Tudo isto a plateia vê. Cegueira e perspicácia – ironicamente invertidas em Tirésias e Édipo (o cego "vendo" e o perspicaz "cego") e em Gloucester ("Eu tropecei quando vi") – são tão fundamentais no teatro quanto na ironia.

Em comparação com "teatro" e "teatral", os termos "drama" e "dramático" serão usados muitas vezes no sentido popular de "excitante" ou "absorvente". O palco é um lugar onde alguma coisa está para acontecer ou ser revelada. Como a plateia sente isto mas as *dramatis personae* geralmente não, há um potencial básico de ironia inerente ao drama. Além disso, o que está para acontecer é alguma coisa que vai acontecer às insuspeitantes *dramatis personae*. Portanto, a cegueira delas tem referência tanto ao futuro quanto ao presente. O que também precisa ser salientado aqui é que as *dramatis personae*, embora sejam apenas ficções, são personificadas por pessoas de carne e osso. A estas presenças físicas a plateia não pode ajudar, respondendo com intensidades variáveis de simpatia e antipatia que são complicadas pela consciência da separação de seus mundos. Assim, há tanto uma intimidade física quanto uma distância psicológica, e consequentemente existe a possibilidade de reforçar o impacto da peça com certos prazeres questionáveis bem conhecidos da psicologia: o prazer de representar Deus ou de manipular secretamente as vidas de outras pessoas; os prazeres do exibicionismo, tanto em vestir-se quanto em despir-se; os prazeres do voyeurismo, de observar pessoas que se expõem; e os prazeres do sadismo – o teatro sempre foi um teatro de crueldade, uma arena. Alguns destes prazeres, nós já os associamos à ironia e todos eles necessitam ao mesmo tempo de um grau de identificação simpatética e de um grau de dissociação psicológica.

"Teatro" e "drama" também se distinguem entre si de outra maneira. "Teatro" é o termo mais amplo, que abrange ao mesmo tempo as condições fisicamente capacitadoras do drama (palco, fora-do-palco, auditório etc.) e as atividades imediatamente envolvidas na encenação de uma peça (ensaio, montagem, representação e assistência). Drama é o termo mais estrito, o foco destas atividades, a peça que está sendo representada. A distinção é necessária porque desejo sugerir que as ironias que encontramos nas peças entram nelas através de uma tendência que tem o drama de "teatralizar-se". Com isto quero dizer que muito da forma e do conteúdo temático do drama pode ser visto como interiorizações* e transformações do contexto teatral imediato das peças; o dramaturgo e seu texto, os atores com suas roupas e maquiagem, o próprio palco, o diretor e a *mise en scène* (inclusive ensaios e representação), e o auditório e a plateia, todos tendem a encontrar-se dentro das peças em formas mais ou menos disfarçadas. Por volta de 1953, Susanne Langer[18] sugeria que, no filme, o meio era a mensagem e ela relacionava com os próprios elementos do quase-sonho nos filmes a câmara móvel que, livre do tempo e do espaço, se converte no olho do espírito. A natureza desencarnada da imagem na tela e a escuridão isolante do auditório de cinema são também "como que um sonho". Para Hollywood e outras "fábricas de sonho", era "natural" que o conteúdo temático dos filmes devesse ser uma interiorização das condições de sua produção e recepção.

Teatro, drama e ironia estão inter-relacionados de várias maneiras. Mesmo uma rápida observação irônica, sendo ao mesmo tempo um desafio e uma resposta, é drama em miniatura com peripécia e anagnorise ao mesmo tempo, tanto inversão no entendimento do destinatário quanto re-

---

* Na ausência de uma tradução portuguesa exata para *interalizations*, no sentido de interiorização subjetivante, optou-se pela única aproximação possível "interiorização". (N. da E.)

18. Susanne K. Langer, *Feeling and Form*, London, p. 411-415, tradução portuguesa *Sentimento e Forma*, São Paulo, Perspectiva, 1980.

conhecimento da real intenção do ironista. Além disso, em sendo irônico, o ironista pode ser visto como alguém que apresenta um *show* sozinho, um *showman*: ele assume seu papel de ingênuo e fala, escreve ou se comporta como se realmente fosse o tipo de pessoa que pode defender os pontos de vista que a ironia pretende destruir ou subverter. O ironista terá em vista o mais alto grau de plausibilidade para aquilo que ele parece estar dizendo; da mesma forma, o ator que representa, por exemplo, Brutus objetivará fazer um Brutus que seja crível em seus próprios termos. O ironista também terá em vista o mais alto grau de clareza para a retração ou exposição simultâneas de seu pretenso significado, por exemplo, sugerindo um contexto de sentido contrário ou empregando um argumento falacioso; da mesma forma, o teatrólogo visará mostrar-nos o Brutus "verdadeiro", isto é, não o Brutus que é autodefinido e representado pelo autor mas o Brutus que é definido pela peça toda e que a plateia vê quando reconcilia as várias contradições e anomalias que surgem dentro da personagem ou em suas relações com as outras ou com o mundo em geral.

Assim, a diferença entre Ironia Instrumental e drama onde existe uma caracterização crônica, podemos considerá-la simplesmente uma diferença de técnica. O ironista faz de si mesmo uma espécie de ator ao assumir seu papel de ingênuo, enquanto o dramaturgo emprega atores no papel de "verdadeiros" alazons, vítimas de Ironias Observáveis ao serem, como era Brutus, não a espécie de pessoas que eles pensam que são. Nem toda peça, é claro, ironiza suas personagens ou as ironiza de maneira igual; *Twelfth Night* trata Malvolio pior do que *The Coktail Party* trata Sir Henry Harcourt-Reilly, por mais lamentável que isso possa ser.

Mais próxima de dramática ou teatral do que a Ironia Instrumental é a Ironia Observável. Ironias de Evento, por exemplo, que atuam no tempo, têm uma estrutura dramática clara, o caso típico que envolve a vítima com certos medos, esperanças ou expectativas que, agindo com base neles, toma medidas para evitar um mal previsto ou tirar proveito de um bem previsto; mas suas ações servem apenas para enredá-la numa cadeia causal que leva inevitavelmente à sua ruína. Esta descrição abstrata da Ironia de Eventos também serviria para o esqueleto do enredo de uma tragédia, como *As Bacantes*, *King Lear* ou *The Revenger's Tragedy*. O mais antigo reconhecimento da força dramática inerente na peripécia de uma Ironia de Eventos está na *Poética*, embora naturalmente Aristóteles não use o termo "ironia":

> Na verdade, mesmo acontecimentos casuais parecem mais notáveis quando têm a aparência de serem realizados propositalmente – quando, por exemplo, a estátua de Mitys em Argos matou o homem que havia causado a morte de Mitys ao cair sobre ele num entretenimento público[19].

Esta história talvez seja mais bem conhecida em sua forma dramatizada em *Don Giovanni*.

Todas as Ironias Observáveis são "teatrais" por definição, na medida em que é necessária a presença de um "observador" para completar a ironia. A ironia não é apenas alguma coisa que acontece; é alguma coisa que pelo menos pode ser representada acontecendo. Podemos dizer que é irônico alguém ser ludibriado pela pessoa que ele pretendia ludibriar, mas para podermos dizer isto devemos já ter construído um teatro mental conosco mesmos onde o observador inobservado vê claramente a situação como ela realmente é e também sente até certo ponto a força da inconsciência confiante da vítima.

Este contraste entre a visão simples e limitada da vítima da ironia e a visão dupla, completa do observador irônico também é encontrado no teatro real. Primeiramente, das *dramatis personae* podemos pensar que são como a vítima da ironia. Como quando o Pai, em *Seis Personagens à Procura de um Autor*, de Pirandello, diz (falando em nome das personagens e dirigindo-se ao produtor): "Nós, sendo nós mesmos, não temos outra realidade fora desta ilusão!... Que outra realidade poderíamos ter? O que para você é uma ilusão que você tem de criar, para nós... é a

---

19. Aristóteles, *Poética*, 1452a.

nossa única realidade"[20]. A plateia, de seu lado, é como o observador irônico. Entra imaginativamente dentro da ilusão dramática mas também fica de fora da peça e julga-a como desempenho: avaliando *esta* produção, reconhecendo os atores, agradada ou desagradada com o elenco, ou com o cenário, ou com os cortes no texto. Deste ponto de vista, existe no drama apenas uma ironia potencial, mas ela pode ser efetivada ao dar a uma personagem indicações que, desconhecidas para ela, têm uma referência adicional fora de seu pequeno mundo. Por exemplo, não diríamos que é irônico que o Cássio de Shakespeare não suspeite nem por um momento de que é uma personagem em *Julius Caesar*, embora a plateia saiba que ele o é. A ironia potencial é aqui efetivada somente quando ele diz:

> Quantas vezes portanto
> Deverá nossa cena grandiosa ser representada,
> Em estado de gestação, e acentos ainda desconhecidos![21]

Este tipo de coisa, muito comum em Shakespeare, tem um efeito extremamente singular, um *Verfremdungseffekt*, já que nos dá uma consciência mais aguda da inconsciência de Cássio com relação à sua existência simultânea como romano e como ator que fala em acentos ora conhecidos de "acentos ainda desconhecidos"!

Existe um segundo sentido e mais forte, no qual podemos dizer que o drama, embora não necessariamente irônico, o é tipicamente. Assim como o observador irônico de uma ironia situacional vê a vítima comportar-se numa inconsciência confiante do verdadeiro estado das coisas, assim também, em muitas peças, a plateia saberá do que está ocorrendo mais do que as *dramatis personae*. Em muitas peças, a plateia já saberá pelo prólogo ou pelo título ou encenações anteriores ou por versões mais antigas na literatura ou na lenda ou pela história, qual será o resultado. Consequentemente, ela verá as *dramatis personae*

---

20. Pirandello, *Six Characters in Search of an Author*, trad. Frederick May, London, 1954, p. 55.
21. Shakespeare, *Julius Caesar*, III, i, 111-113.

cheias de esperanças, de medos, de convicções enganosas ou desnecessárias etc. Mesmo naquelas peças das quais a plateia não tem qualquer conhecimento anterior, geralmente ela logo saberá mais do que as *dramatis personae*, já que a plateia está sempre presente, mas as *dramatis personae* veem e ouvem no máximo o que ocorre quando estão no palco.

Sugeri antes que a ironia, em sua essência, é ao mesmo tempo teatral e dramática, embora sob alguns aspectos somente num sentido fraco. Sugeri também que o drama é ao menos tipicamente irônico e talvez essencialmente ironigênico, isto é, produtivo de ironia; Kenneth Burke[22] "equipara" mais ou menos drama, dialética, ironia e peripécia, e não é fácil imaginar uma peça, de Esquilo e Arrabal, onde não haja uma estrutura irônica ou algumas situações ou eventos irônicos. Mas agora quero adentrar uma área mais especulativa com a hipótese de que a natureza do drama é tal que certas peças tendem a ser irônicas em vista de interiorizarem um ou mais elementos de seu ambiente ou contexto teatral imediato, isto é, as pré-condições necessárias e os suportes materiais das próprias peças na forma como vêm relacionadas no começo deste tópico.

A interiorização não é algo encontrado somente em peças. Há a canção que convencionalmente interioriza o cantor:

Certa manhã bem cedo, mal o sol se levantara,
Ouvi uma donzela cantar no vale embaixo;
"Oh! não me engane! Oh! nunca me deixe!
Como você poderia usar assim uma pobre donzela?"

Existem as invocações não menos convencionais que não têm mais, se é que na verdade tiveram algum dia, seu *status* extraliterário ou pré-condicional de preces. A dedicatória é um pós-escrito ou oferecimento interiorizado. Existem romances que interiorizam de várias formas a

22. Kenneth Burke, *A Grammar of Motives*, Cleveland e New York, 1962, p. 503-517.

atividade de escrever um romance; em *Tristram Shandy*, o autor, o modo de composição, os leitores e a crítica estão todos incluídos. Mas acho que é oportuno dizer que tais interiorizações são menos variadas do que as do drama, porque os romances, canções e poemas têm muito menos contexto para interiorizar. Neste aspecto, o cinema e a televisão estão mais próximos do drama.

No drama, as interiorizações mais reconhecidas, porque menos transformadas, são as de produção e desempenho, ou seja, a peça de ensaio e a peça-na-peça. Mas podemos também identificar interiorizações do autor do texto, do diretor, do ator, da plateia e do texto. Cada uma destas interiorizações está associada com um tipo distinto de ironia.

*A peça de ensaio e a peça-na-peça*

Na Inglaterra, o apogeu da peça de ensaio e da peça--na-peça parece ter sido no período entre a Restauração e a época Augustana, com a média de uma por ano, de uma ou de outra delas, de 1671 a 1738 – embora, naturalmente, sejam encontradas antes e mais tarde e em outros países. Peças, mascaradas ou outras produções teatrais são encenadas em oito das peças de Shakespeare, e há três ou quatro representações informais de outras peças dele, bem como um sem-número de embustes combinados, como a exposição de Parolles em *All's Well that Ends Well*. O teatro interiorizador de um único dramaturgo, Pirandello, foi o tema de um grande número de estudos, e meia dúzia de monografias sobre a peça-na-peça no teatro francês, inglês, espanhol e alemão atestam a importância deste gênero.

Cada uma das centenas de peças de ensaio e de peças--contendo-peça terá suas próprias qualidades e propósitos específicos, e eu não gostaria de parecer propenso a ignorá--los. Mas minha preocupação aqui é com os efeitos irônicos especiais que resultam do fato de virar uma peça do avesso, de introduzir na ilusão dramática coisas como a produção e o desempenho cuja função é criar a ilusão. O efeito desta interiorização é estabelecer uma dialética entre nossa resposta imaginativa à peça enquanto mimese ou ilusão e nossa resposta crítica ou estética à peça enquanto peça ou artefato. Ao escrever uma peça que contém uma segunda ilusão explícita, Pirandello ou Shakespeare ou Sheridan ou Stoppard reforça a ilusão ao nível primário, mas, ao mesmo tempo, nos faz vê-la como uma ilusão: quando, na passagem, citada acima, de *Seis Personagens*, o Pai se dirige ao Produtor como um produtor, um dos efeitos de Pirandello se teria perdido inteiramente se não víssemos que este Produtor está, por sua vez, sendo produzido por um produtor real e é tanto uma personagem quanto o Pai. Com o suicídio no final da peça, Pirandello nos faz duvidar se o Rapaz está "morto" apenas ao nível da peça que está sendo ensaiada ou "realmente morto" ao nível do ensaio que está sendo representado, e a situação toda é complicada pela insistência da peça em mostrar que a arte é mais real do que a vida.

A ironia envolvida nestas peças que chamam atenção, explícita ou implicitamente, para seu *status* enquanto peça, para sua natureza ilusória, é a Ironia Romântica. Na Ironia Romântica, a inerente limitação da arte, a incapacidade de uma obra de arte, como algo criado, de captar plenamente e representar a complexa e dinâmica criatividade da vida é, por sua vez, imaginativamente levada à consciência quando se lhe atribui reconhecimento temático. Deste modo, a obra transcende a mimese ingênua e adquire uma dimensão aberta que pode convidar-nos à posterior especulação. Tendo abandonado a mascarada que sua mágica criou, Prospero, que foi diretor de cena da maior parte da ação de *The Tempest*, compara o mundo inteiro à mascarada, e por implicação, a implicação de Shakespeare, vemos *The Tempest* e o próprio Prospero à mesma luz:

> Estes nossos atores,
> Como eu te preveni, são todos espíritos, e
> Se dissiparam no ar, no rarefeito ar;
> E, tal qual o grosseiro substrato desta visão,
> As torres que se elevam às nuvens, os palácios suntuosos,
> As igrejas majestosas, o próprio globo imenso,
> Sim, tudo o que ele contém, se dissolverá,
> E, tal qual este insubstancial fausto estiolado,

Não deixam vestígio para trás. Somos do mesmo estofo
De que são feitos os dramas; e nossa vida pequenina
Gira como num sonho[23].

Mas nem toda peça-contendo-peça exemplifica a Ironia Romântica. Está bastante claro que o tema de *A Midsummer Night's Dream* é o poder da imaginação sobre a percepção, a própria peça sendo seu exemplo principal, mas em *Hamlet* não está assim tão claro, apesar das reflexões de Hamlet sobre o poder da ilusão dramática.

Num nível mais inferior, peças deste tipo podem empregar a ironia para satirizar convenções dramáticas. Na passagem abaixo, extraída da obra de Sheridan, *The Critic, or A Tragedy Rehearsed*, o ponto satírico é atingido quando Puff, o autor da tragédia, deixa ingenuamente de distinguir entre a peça e a representação da peça:

*SIR WALTER* – Você sabe, Filipe é o orgulhoso rei da Ibéria!
*SIR CHRISTOPHER* – Ele é.
*SIR WALTER* – Seus súditos seguem a abjeta intolerância
 E opressão católica – enquanto nós,
 Você sabe, seguimos a crença protestante.
*SIR CHRISTOPHER* – Seguimos.
*SIR WALTER* – Você sabe, além disso, seu armamento alardeado,
 A famosa Armada, batizada pelo Papa,
 Com o propósito de invadir estes reinos –
*SIR CHRISTOPHER* –          Está navegando.
 Nossas últimas notícias assim informam...
*SIR WALTER* –          Você também sabe –

*Dangle* – Mr. Puff, já que ele *sabe* tudo isso, por que Sir Walter continua a contar a ele?
*Puff* – Mas a plateia supostamente não conhece alguma coisa do assunto, conhece?
*Sneer* – Certo, mas eu acho que você dirige mal: pois certamente não há razão para que Sir Walter deva ser tão comunicativo.
*Puff* – Por Deus, agora, essa é uma das mais ingratas observações que já ouvi um dia – pois quanto menos ele for induzido a contar tudo isto, mais, eu acho, você deve ser grato a ele[24].

23. Shakespeare, *The Tempest*, IV, i, 148-58.
24. R. B. Sheridan, *The Critic, or A Tragedy Rehearsed*, II, ii, 80-96; II, ii, 110-120.

## O dramaturgo, o diretor

Interiorizações de teatrólogos e diretores sem suas peças são menos óbvias porque, em tais casos, eles entram na peça não como dramaturgo ou diretor, mas apenas metaforicamente, como manipuladores das vidas dos outros. Uma personagem deste tipo, temos a impressão, é muito mais comum no drama do que no romance. O papel do mestre tramador já existe na tragédia grega; Dioniso em *As Bacantes* é um exemplo óbvio. Observo, de passagem, que a palavra "trama" e os equivalentes francês, inglês e italiano, *intrigue*, *plot* e *trama*, são usados para designar ao mesmo tempo os planos sinistros na vida real e a complicação e o desenlace de peças teatrais. Pelo menos doze das peças de Shakespeare, um terço do total, têm personagens que controlam os movimentos das outras: por exemplo, o diabólico Iago, o mágico Prospero, e o Duke parecido com Harum-al-Raschid de *Measure for Measure*. O Volpone de Ben Jonson se ufana mais da aquisição astuta de sua riqueza (o modo como ele e Mosca "brincam" com suas vítimas) do que de sua posse alegre. Podemos encontrar outros exemplos em Molière, Ibsen, Shaw, Anouilh e T. S. Eliot. Mesmo a figura isolada em *Krapp's Last Tape*, de Beckett, exerce um controle despótico sobre as aparências de seus eus anteriores e assim pode ser vista muito claramente como uma interiorização do autor.

Ao interiorizar sua própria função de criador de tramas ou a função de *metteur en scene* do diretor, ao criar, por exemplo, um Iago que, como ele mesmo, organiza de antemão e orquestra os movimentos e respostas das outras personagens, Shakespeare cria uma série de situações irônicas. A plateia, que foi informada anteriormente do verdadeiro caráter de Iago, vê que Otelo, Cássio, Desdêmona confiam cegamente no honesto Iago e seguem seu conselho. A ironia não é menos poderosa por ser formalmente simples:

>   pois enquanto este honrado louco [Cássio]
> usa Desdêmona para restaurar-lhe a fortuna,
> E ela roga por ele vigorosamente ao Mouro;

Derramarei esta pestilência no ouvido dele,
De que ela o repele devido à luxuria de seu corpo;
E quanto mais ela lutar para torná-lo bom,
Mais ela perderá seu crédito junto ao Mouro;
Assim transformarei sua virtude em paz,
E de sua própria bondade tiro o proveito
Que os envolverá a todos eles[25].

*O texto*

O romance, em sua pretensão convencional de ser história, admite que *primeiro* as coisas acontecem e *depois* são registradas. Contudo, Diderot, em seu *Jacques le fataliste*, inverte isto, presenteando o leitor com a doutrina do determinismo em termos de autoria divina: "Tout ce qui nous arrive de bien et de mal ici-bas était écrit là-haut" (Tudo o que nos acontece de bom e de mau aqui embaixo já estava escrito lá em cima). Isto corresponde a uma realidade do teatro onde tudo o que acontece às *dramatis personae*, de bom e de mau, já estava escrito pelo autor; é seu texto, suplementado pelas instruções do diretor, que determina a ação da peça para os atores. Mas a pretensão dramática é que a ação está ocorrendo agora numa sequência temporal indeterminada e isto nada deve à história que as peças localizam num passado inalterável.

Existe assim uma contradição potencialmente irônica entre o texto, no sentido de um "pré-escrito" ou determinação do que deve ocorrer, e a representação de uma "ocorrência" aparentemente indeterminada. Esta ironia é efetivada com a interiorização metafórica do texto como um sentido de destino ou fado inevitável, incorporado às vezes apenas como um sentimento:

> minha mente pressente,
> Alguma consequência, ainda pendente das estrelas,
> Começará amargamente seu período terrível
> Com estas bacanais noturnas.[26]

25. Shakespeare, *Othello*, II, iii, 342-351.
26. *Idem, Romeo and Juliet*, I, iv, 105-109.

e às vezes mais concretamente como um oráculo, um sonho, uma maldição ou uma profecia. O exemplo mais elaborado em Shakespeare é a maldição profética de grande amplitude da velha Rainha Margaret, em *Rei Ricardo III*, que funciona como um dispositivo estrutural suplementar, e a plateia se lembra dela à medida que uma após outra as personagens caem do pedestal. Aqui como alhures a ironia reside na recusa explícita das personagens a levar a sério a maldição. O fato de a audiência do drama ter de corresponder ao desempenho, somado à compacidade de construção das tragédias de modelo clássico, ajuda sem dúvida a criar um senso de um inevitável desenvolvimento de eventos. Nas comédias, o acaso e a surpresa tendem a desempenhar um papel mais amplo em comparação com o destino e o suspense da tragédia.

*O ator*

Os tipos de ironia que associei às interiorizações de autor (ou de diretor) e de texto assemelham-se entre si, por estarem baseados na ignorância de uma personagem do que está para acontecer. O tipo de ironia que se pode associar à interiorização do ator difere destes, por basear-se no fato de que a personagem ignora sua natureza ou identidade ou a de outra. Decerto, este tipo de ironia não é menos frequente, tampouco está um pouco menos enraizado na natureza do teatro e do drama do que as ironias de trama e de destino.

Representar não é apenas participar de uma representação, é também personificar, e isto é um caso tanto de identidade pessoal como de disfarce físico. Podemos considerar uma personagem como um ator interiorizado se o que ele faz e a forma como é encarado dentro da peça é análogo ao que faz um ator e à forma como é encarado com relação à peça. Dificilmente existe uma peça onde não haja uma identidade oculta, literal ou metafórica, acidental ou deliberada, que eventualmente vem à luz: alguém lhe dá um novo nome ou o nome de um outro; com o auxílio de máscara, roupa, tom de voz ou maneirismo ele simula não ser ele mesmo ou ser alguma outra pessoa; sem pretendê-lo, ele é tomado por outro ou por um estranho; não conhece sua ascendência ou erroneamente pensa que a conhece; ou o que está oculto ou errado não é sua identidade, mas seu caráter moral ou seus motivos. No final, ele se desmascara ou é desmascarado, recobra o segredo de seu nascimento, é despido de suas pretensões ou acha seu gêmeo perdido. Quando a peça termina, o ator reassume sua própria identidade, seu nome verdadeiro e suas roupas comuns.

O drama é construído sobre duas grandes perguntas: "O que está para acontecer?" e "Quem é este?" De fato, há uma peça chamada *Quem?* (de autoria do dramaturgo australiano Jack Hibbard) e outra denominada *Identité* (de Robert Pinget). Identidade, e as perguntas e afirmações que ela envolve, pode-se dizer que é quase o tema principal do drama, desde a autodescoberta trágica de Édipo até a *Maschere Nude* de Pirandello e além. Shakespeare sozinho poderia fornecer uma centena de exemplos, desde as famosas palavras de abertura de *Hamlet* – "Quem está aí?" – "Não; responda-me. Pare e diga o nome" – à pergunta angustiada de Lear, "Quem é que pode me dizer quem sou eu?" ou ao dilema de Troilo, "Este é, e não é, Cressida" ou ao "erro" deliberadamente irônico de Otelo quando ouve Desdêmona negar sua culpa:

> Nesse caso eu clamo por sua mercê.
> Tomei você por aquela astuta prostituta de Veneza
> Que se casou com Otelo[27].

A interiorização do vestuário, de um ator vestindo-se como alguém e mais tarde reassumindo suas próprias vestes, também é frequente no drama. Há um verdadeiro disfarçar; uma meia dúzia de atores-homens de Shakespeare que desempenham papéis de mulheres realizam a ironia potencial ao se vestirem como rapazes. Há também um

---

27. *Idem, Othello*, IV, ii, 89-91.

vestir metafórico; as primeiras palavras do Príncipe Hal em seu novo papel de rei são:

> Este novo e alegre vestuário, majestade,
> Não me assenta tão bem como vós pensais[28].

E no final da carreira de Macbeth somos informados:

> agora ele sente que seu título
> Pende frouxo abaixo dele, como a roupa de um gigante
> Num anão gatuno[29].

O Rei Lear, durante a tempestade, reconhece que a majestade dele é a de um homem real tanto quanto o papel do ator é o ator. Ele começa a se despir: "Fora, fora, seus empréstimos!" O despir-se físico pode ser tão bom teatro na alta tragédia quanto no baixo *night-club*. *Abel e Bela*, de Robert Pinget, começa perguntando: "O que é exatamente o teatro?" Propõem-se várias respostas apenas para serem rejeitadas até que o final mostre que "o coração essencial, universal, humano do teatro é – o espetáculo de homens e mulheres tirando a roupa". Esta, se a tomarmos ao pé da letra, não seria uma resposta séria, mas com certeza pretendemos tomá-la metaforicamente. A exposição moral é inegavelmente bom teatro: testemunham-no o esvaziamento do *miles gloriosus* da comédia romana e todo o despir-se e autodespir-se em peças como *Who's Afraid of Virginia Woolf?* Em *Le Balcon*, Jean Genet exemplifica quase todas as variantes possíveis dos temas da identidade e do disfarce.

As ironias possibilitadas quando uma personagem é confundida com sua própria identidade ou com a de outrem são, na maioria das vezes, óbvias demais para precisarmos declina-las. A forma mais simples é talvez quando uma personagem presente em disfarce ouve alguém referir-se a ela na terceira pessoa:

---

28. *Idem, Rei Henrique IV*, parte 2, V, ii, 44-45.
29. *Idem, Macbeth*, V, ii, 20-22.

*101*

*Cavalheiro* – Eles dizem Edgar... é com o Duque de Kent na Alemanha. *Kent* – A informação é mudável[30].

A ironia pode ser igualmente direta quando é a natureza moral de uma personagem que é confundida; Iago é aceito no papel que ele representa do soldado franco, honesto. Mas uma ironia deste tipo pode ser apresentada sutilmente:

*Duncan* –      Não existe arte
Que permita reconhecer no rosto a formação do espírito:
Ele [Cawdor] era um cavalheiro em quem havia depositado
Uma confiança absoluta –
    (*Entram Macbeth, Banquo, Rosse e Angus*)
    Ó digníssimo Primo![31]

Já falei em termos gerais da disparidade potencialmente irônica entre a autodefinição de uma personagem e a definição dela que a própria peça constrói. Às vezes fica bastante claro que uma personagem está se produzindo não como ela é, mas como gostaria de pensar que é. Mencionei Malvolio e Brutus e poderia ter mencionado Mrs. Malaprop e Polônio (e todos aqueles vãos e pomposos loucos feitos em moldes semelhantes); Hjalmar Ekdal em *The Wild Duck*, Alceste em *Le Misanthrope*, e Ricardo II:

Eu tinha me esquecido, não sou eu o rei?
Acorda, majestade covarde! estás dormindo.
Não vale o nome do rei vinte mil nomes?
Arma-te, arma-te, meu nome! Um mesquinho vassalo
Para tua maior glória. Não olhem para o chão,
Favoritos de um rei, não estamos no alto?
Elevemos nossos pensamentos. Sei que meu tio York
Tem poder bastante para ajudar nossos planos[32].

A ironia é menos clara quando a personagem desempenha um papel que é variável ou obscuro, como quando Hamlet demonstra um humor bizarro. Torna-se complexa

30. *Idem, King Lear*, IV, vii, 91-93.
31. *Idem, Macbeth*, I, iv, 11-14.
32. *Idem, Rei Ricardo II*, III, ii, 83-90

quando a incerteza sobre quem ou o que é alguém transborda de um nível de ilusão para outro, como no *Impromptu de Versailles*, de Molière, onde aparece uma disputa entre os atores para saber se *le marquis* é o ator que representa a parte do marquês ou a pessoa real que o marquês supostamente representa, ou como naquelas peças de Pirandello quem põem em dúvida as distinções convencionais entre realidade e aparência, rosto e máscara, identidade e papel.

*A plateia*

A interiorização da plateia é menos frequente, mas nem por isso incomum. Não estou pensando aqui no caso menos costumeiro de personagens de uma peça que constituem a plateia de um ensaio ou de uma peça-dentro-de-uma-peça. (Quando, como em *The Knight of the Burning Pestle*, uma tal plateia insiste em introduzir mudanças na peça, o que temos é uma Ironia Romântica.) Tenho em mente o fenômeno muito mais simples da "consciência discrepante". Assim como a plateia geralmente sabe mais do que as personagens, assim também pode-se mostrar uma ou mais personagens como se tivessem ou adquirissem uma superioridade semelhante em relação às outras personagens. Quando, na peça de Sófocles, Electra descobre que seu irmão, supostamente morto, voltou, ela sabe o que soube a plateia desde o começo e, naturalmente, ao guardar segredo conserva a situação superior de um observador. Na comédia, o caso exemplar é talvez mais o observador oculto do que o reticente. Em Racine, a situação de Britânico, que não sabe que Nero, numa posição oculta, está ouvindo sua conversa com Júnia e a situação de Júnia, forçada a ver Britânico se expondo ao perigo mas incapaz de contar-lhe por que ela só pode dizer o que o descontrolará, é uma situação repetida, em sua essência, em centenas de farsas de *boudoirs*. É altamente instrutivo que a propriedade desta cena famosa foi criticada por ser ela *une situation de comédie*. De fato, é *une situation d'ironie*.

A Ironia Dramática aparece sempre que a plateia vê uma personagem confiantemente inconsciente de sua ignorância. Torna-se mais forte quando a consciência discrepante existe dentro da peça e não apenas no teatro. Nós, a plateia, sabemos desde o começo quem é Édipo e sobre quem ele invocou uma maldição. Mas como é mais terrível a ironia de ver sua ignorância persistir quando vemos uma personagem após outra partilhar do nosso conhecimento! A variedade e a força da Ironia Dramática dependem de outros fatores, quais sejam: se a linguagem falada ou ouvida pela vítima da ironia tem ou não, sem que ela saiba, uma dupla referência à situação real e à situação como ela a vê; se existem personagens ocultas e se elas são vítimas ou observadores; e qual é a relação entre as personagens. A passagem abaixo, de *Ifigênia em Áulide*, de Euripides, é suficientemente forte para enfrentar uma tradução franca a partir de um texto difícil. Ifigênia pensa que foi trazida a Áulide para casar-se com Aquiles; seu pai, Agamenon, não pode persuadir-se a dizer-lhe que, por sua ordem, ela foi trazida ali para ser sacrificada:

*Ifigênia* – Pai, oh! estou contente de te ver depois deste longo tempo.
*Agamenon* – Sim, e teu pai de te ver. O que dizes é verdade para nós ambos.
*Ifigênia* – Você fez bem em trazer-me para perto de você, Pai.
*Agamenon* – Filha, isso é uma coisa que não posso confirmar nem negar.
*Ifigênia* – O que é? Você parece perturbado, por causa de sua alegria de me ver.
*Agamenon* – Um homem tem muitas preocupações quando é rei e general.
[...]
*Ifigênia* – Você está partindo para uma longa jornada, Pai, deixando-me para trás.
*Agamenon* – É a mesma para nós dois, filha.
*Ifigênia* – Ah! Se eu tivesse o direito de navegar com você!
*Agamenon* – Você tem uma viagem a fazer também e lá você se esquecerá de teu pai.
*Ifigênia* – Viajarei com minha mãe, ou sozinha?
*Agamenon* – Sozinha, separada de pai e mãe.
*Ifigênia* – Você está me mandando embora para um novo lar, em algum lugar, não está, Pai?

*Agamenon* – Já basta. As moças não deveriam saber dessas coisas.
*Ifigênia* – Por favor, volte depressa da Frígia, Pai, depois de sua vitória lá.
*Agamenon* – Primeiro, preciso oferecer um sacrifício aqui.
*Ifigênia* – Sim, de qualquer modo você deve cuidar de fazer adequadamente seu dever para com os deuses.
*Agamenon* – Você verá, pois estará perto da bacia lustrai.
*Ifigênia* – Então, eu dirigirei a dança em torno do altar, Pai[33].

Uma obra recente, *Role-Playing in Shakespeare*, de Thomas Van Laan[34], relaciona uns setenta livros e artigos anteriores sobre alguns tópicos em Shakespeare (e outros), como imagética teatral, a metáfora do mundo-como-teatro, a peça-na-peça, a personagem como autor da peça, diretor, cenarista, ator, e os temas do disfarce e da identidade. A maioria destas vêm depois de duas obras de grande influência: *Shakespeare and the Idea of the Play*, de Anne Righter, e *Metatheatre: A New View of Dramatic Form*, de Lionel Abel[35]. A primeira exibe, entre outras coisas, o alcance da autoconsciência teatral das peças de Shakespeare; a última tem como tema uma forma de drama (metateatro) definida como "peças de teatro sobre a vida vista já teatralizada" e como "a forma necessária de dramatizar personagens que, tendo total autoconsciência, não podem fazer outra coisa senão participar de sua própria dramatização"[36]. Assim, não há nada muito original em minha hipótese mais geral de que as peças tendem naturalmente a interiorizar seu contexto teatral imediato e, ao fazê-lo, realizam as ironias que estão latentes no próprio desempenho, visto como a criação de um mundo cômico por e dentro do mundo real de escrever, produzir, representar e frequentar-teatro.

Interiorizações de um tipo ou de outro são encontradas tão cedo quanto o próprio drama: o dramaturgo interior como personagem manipuladora (Dioniso em *As Bacantes*,

---

33. Eurípedes, *Ifigênia em Áulide*, 640-45 e 664-76.
34. Thomas Van Laan, *Role-Playing in Shakespeare*, Toronto, 1978.
35. Anne Righter, *Shakespeare and the Idea of the Play*, London, 1962, e Lionel Abel, *Metatheatre: A New View of Dramatic Form*, New York, 1963.
36. Lionel Abel, op. cit., p. 60, 78.

Odisseu em *Filoctetes*), o ator como personagem personificadora (Orestes nos *Coéforas*, Dioniso em As *Rãs*), a plateia como personagem com conhecimento superior (Neoptólemo em *Filoctetes*), e o texto como oráculo (*Os Cavaleiros* de Aristófanes, *Édipo Rei*); nas paródias de Eurípedes às *Tesmofórias* de Aristófanes há mesmo uma peça-na-peça, embora seja muito incompleta. Não se pode, portanto, argumentar que a teatralização do drama é o resultado do realce da autoconsciência da Renascença e pós-Renascença, embora isto tenha aumentado a incidência de interiorização. O argumento ora familiar de que o homem é um animal fingidor, jogador, também tem apenas uma força limitada pois ele explicaria tão-somente um aspecto da interiorização.

Duas outras explicações se apresentam. Uma é que o teatro encontra seu caminho dentro das peças porque o teatro é o que os teatrólogos sabem a respeito e os autores geralmente falam do mundo que conhecem. Ao construir sua peça, um dramaturgo deve pensar em termos de produção e aceitação e muitas vezes em termos de companhias particulares, atores, plateias e teatros (com suas limitações e vantagens de palco, iluminação, cenários e acústica). Tudo isto estará presente na sua consciência e pode explicar em parte a frequência com que Shakespeare, por exemplo, emprega metaforicamente palavras como teatro, palco, cenário, espetáculo, peça, tragédia, ato, cena, prólogo, ator, ouvinte, aplauso etc.

A este argumento, baseado na inescapável presença física do teatro e sua consequente pressão sobre a consciência do dramaturgo, podemos acrescentar outro, ou seja, que aquilo que denominei contexto teatral das peças é em si mesmo potencialmente dramático nos sentidos populares de "excitante" e "emocionalmente forte", e consequentemente que os teatrólogos tendem a salientar suas peças mediante a efetivação e incorporação deste potencial. O "drama" de teatro é inerente ao próprio palco, ou qualquer espaço vazio aceito como um palco, como um lugar onde alguma coisa está para acontecer. Esperamos o que vai aparecer num estado de expectativa qualitativamente diferente de algo que experimentamos no cinema ou quando nos sentamos para ler um romance. Em *Rosencrantz and Guildenstern are Dead*, Stoppard continuamente cria drama pela sugestão de que a peça verdadeira está para começar. Ele também chama atenção para a área não-vista dos bastidores como a fonte da ação futura:

*Rosencrantz – (salta de novo, bate o pé e grita para os bastidores.)*
   Muito bem, sabemos que você está aí! Venha aqui falar! (p. 53)

A presença física de um único ator de carne e osso já dá à peça uma dimensão emocional, pois uma plateia não pode ajudar a responder de uma forma ou de outra. A presença de dois atores estabelece diferentes expectativas de interação e de conflito que dependem de coisas como distância, postura, idade e sexo. O fato da personificação, alguém vestido e comportando-se como se fosse algum outro, é também inerentemente dramático; algo do que sente um ator quando representa um papel deve ser transmitido para o público. Este, de seu lado, tem alguma coisa semelhante à sensação "voyeurística" especial do observador inobservado e geralmente também a sensação agradável de saber mais da ação que está sendo representada do que aqueles que estão envolvidos diretamente. Afinal, há a intensificação da vida que acompanha o exercício de imaginação quando atores e público cooperam para criar a ilusão dramática. Todas estas coisas se combinam para tornar o teatro em si mesmo dramático, e este "drama" um dramaturgo pode repetir intuitivamente ou, como Stoppard, muito conscientemente, pelos processos de interiorização e pelas consequentes ironias que discuti.

*Ironia na Ficção*

Existem inúmeros exemplos de ironia na ficção que não são característicos especialmente de algum gênero ficcional. Tom Driscoll, em *Pudd'nhead Wilson*, pergunta a Wilson "de modo animado e afável": "Bem, como é que a lei age? Você tinha algum caso no momento?" Obviamente, este tipo de observação, irônica uma vez que ele sabe que Wilson foi um fracasso total como advogado, pode ser encontrado igualmente numa peça de teatro ou ser ouvido na rua. Mais tarde, no mesmo momento em que Wilson descobre que Tom é um assassino, ele (Tom), ainda ignorando que se traíra, expressa uma outra observação irônica: "Não torne isso tão difícil; um corpo não pode ganhar sempre; você ainda vai enforcar alguém". Esta situação é Ironia Dramática tanto quanto a zombaria que Clitemnestra faz de Electra: "Você e Orestes – não irão me silenciar?" Fielding, que antes de tornar-se romancista foi um dramaturgo, nos dá em *Tom Jones*, cena após cena, ironias que estariam tão bem no teatro quanto no romance, embora nenhuma talvez tão teatral quanto aquela onde Jones esconde a criada de sua Sofia por trás das cortinas quando Lady Bellaston chega inesperadamente[37]. Em primeiro lugar, ela fica espantada com o fato de Jones não corresponder às suas provocações amorosas, enquanto Jones, por sua vez, tem consciência de se achar "numa das Situações mais desagradáveis e aflitas que se pode imaginar". "Nada, comenta Fielding, se pode imaginar mais cômico, nem mais trágico do que teria sido esta Cena, se tivesse durado muito mais tempo".

Também a Ironia de Eventos é bastante comum na ficção em prosa. Em "Gift of the Magi", de O. Henry[38], um jovem vende seu relógio para comprar pentes para os longos cabelos da esposa, os quais ela precisou vender para comprar para ele uma corrente de relógio. Mas não é típica mais da ficção do que do drama, quer se apresente numa pequena escala quer numa grande escala; uma história de confiança perdida ou de suspeitas que se revelam infundadas pode ser tão "naturalmente" representada quanto narrada. Talvez ela seja mais natural ao drama do que ao romance porque a relativa ausência de detalhe no drama compõe uma linha estrutural mais limpa e mais clara e um contraste mais agu-

37. Henry Fielding, *Tom Jones*, livro XV, Cap. 7.
38. *Complete Works of O. Henry*, New York, 1953.

do entre o que se espera ou teme e o que acontece realmente. O que Lukács[39] diz mostra que ele está pensando que o romance exibe uma inversão irônica na escala de sua estrutura global: "o herói [de *Wilhelm Meister*] compreende que realizou algo totalmente diferente do que pretendeu realizar". Contudo, por mais verdadeiro que possa ser, como ele diz, "a força das circunstâncias sociais prova ser mais forte que as intenções do herói e emerge triunfante da batalha", ainda se pode dizer que este tipo de ironia "estrutural" é mais visível e imediato no drama onde a "indetenibilidade" do desempenho e o impulso dinâmico rumo ao iminente, ao "em vias de acontecer", reforçam a dependência causal dos eventos. No *Wilhelm Meister* de Goethe, em comparação com o *Volpone*, a estrutura irônica só se torna aparente depois de muita reflexão.

Mais típico do romance é o que denominei Ironia Autotraidora. A Portia de Carson McCullers repreende Mick por expressar um espírito vingativo: "Não é um modo muito cristão de falar". Mas está totalmente inconsciente de estar revelando o caráter dúbio de cristianismo de seus próprios sentimentos quando acrescenta: "Quanto a nós, o máximo que podemos fazer é ficar calmos e saber que vão ser picados com forcados e fritados eternamente por Satanás". Este tipo de ironia comumente se revela através da fala, e assim que ninguém se surpreenda de achá-la nos diálogos de Platão, nos monólogos dramáticos de Browning (e "Holy Willie's Prayer" de Burns) e geralmente em peças de teatro; no último tópico mencionei grande número de personagens teatrais, e nem todas eram personagens abertamente cômicas, que se produziam a si mesmas de acordo com uma autoimagem errônea, mas ao mesmo tempo por palavra ou por ato revelavam inadvertidamente sua verdadeira natureza.

Nos romances é comum este tipo de ironia, onde a falsa imagem que uma personagem formou de si mesma conflita com a imagem que a obra induz o leitor a formar. Jane Austen abre *Persuasion*:

39. Georg Lukács, *The Historical Novel*, Harmondsworth, 1962.

Sir Walter Elliot, de Kellynch-hall, no Somersetshire, era um homem que nunca pegou um livro para seu próprio divertimento, a não ser o Baronetage; ali ele encontrava ocupação para uma hora de ócio, e consolo numa hora de aflição; ali suas faculdades eram incitadas até à admiração e ao respeito, contemplando o limitado remanescente dos direitos mais antigos; ali quaisquer sensações inoportunas, oriundas dos negócios domésticos, mudavam-se naturalmente em piedade e desprezo, à medida que ele se voltava para as criações quase infindáveis do último século – e ali, se cada folha que virava fosse ineficiente, ele podia ler sua própria história com um interesse que nunca falhava – era esta a página na qual o volume favorito estava sempre aberto: "ELLIOT DE KELLYNCH-HALL".

Podemos ver, contudo, que uma ironia deste tipo é apenas uma subclasse de uma ironia mais ampla onde a imagem falsa que uma personagem formou do mundo que ela habita conflita com o mundo real. Esta ironia mais ampla, inclusive sua subclasse nem sempre facilmente distinguível, foi desde o começo uma ironia fundamental do romance. De *Don Quixote* (1605) até o presente, houve uma linha ininterrupta de romances, trágicos, cômicos ou satíricos, nos quais o herói ou alguma vítima menor tentou em vão (em vão do ponto de vista do leitor, embora com êxito de seu próprio ponto de vista) impor uma unidade ao mundo ao interpretá-lo em termos de seus medos ou desejos, teorias ou ideais, os seus próprios ou os de sua classe. *Don Quixote* vive, como dizemos, num mundo próprio no qual os gigantes, as princesas, os exércitos e os castelos dos romances de cavalaria substituíram os moinhos de vento, as raparigas serventes, os rebanhos de carneiros e as estalagens da Espanha contemporânea:

O Oficial, não disposto a ouvir tal linguagem de alguém de tão vil aspecto, ergueu o lampião e jogou com ele, e todo o seu conteúdo, à cara de Dom Quixote, e depois tratou de retirar-se no escuro. "Com certeza, proferiu Sancho Pança, este é o mouro encantado que guarda o tal tesouro para os outros, e para nós ele só tem sopapos e lampiãozadas." "Assim é, respondeu Dom Quixote. Não se deve fazer muito caso destas coisas de encantamento, nem se indignar ou se aborrecer com isso; porque, sendo invisíveis e simples fantasmas, toda tentativa de tirar vingança não teria resultado. Levanta-te, Sancho, se podes, e chama o governador desta fortaleza, e me arranja um pouco de óleo, vinho, sal e alecrim, para fazer o bálsamo salutar; pois na verdade estou precisando muito disso nesta hora, que está sangrando bastante a ferida que me fez o fantasma[40].

No *Candido*, Pangloss é o D. Quixote do otimismo filosófico lebniziano e, como tal, é capaz de interpretar todo desastre como necessário e benéfico. Candido quer saber se a sífilis não é de origem diabólica:

– De modo algum, replicou aquele grande homem; é uma parte indispensável do melhor dos mundos, um ingrediente necessário; se Colombo não tivesse pego, numa ilha americana, esta doença que ataca a fonte da geração e às vezes impede inteiramente a geração – que assim luta contra a maior finalidade da própria Natureza e a derrota – não deveríamos ter nem chocolate nem cochonilha[41].

Gradgrind, em *Hard Times*, é o D. Quixote de um adulterado utilitarismo benthamita. O livro começa:

Ora, o que eu quero são Fatos. Não ensine a estes rapazes e moças outra coisa que não Fatos. Só os Fatos são necessários na vida. Não plante nada mais, e erradique todo o resto. Você só pode formar as mentes de animais racionais sobre Fatos: nada mais terá algum dia serventia para eles. Este é o princípio pelo qual educo meus próprios filhos, e este é o princípio pelo qual educo estas crianças. Atenha-se aos Fatos, senhor!

Madame Bovary é o D. Quixote do sentimentalismo:

Então ela lembrou-se das heroínas dos livros que havia lido, e a lírica legião daquelas mulheres adúlteras começou a cantar em sua memória com a voz de irmãs que a encantaram. Ela tornou-se como que uma parte efetiva destas imaginações, e realizou o sonho de amor de sua juventude quando se encontrou neste tipo de mulheres amorosas que tanto invejara[42].

Adentramos aqui o reino do devaneio, refúgio daqueles cujas verdadeiras circunstâncias não lhes fazem justiça.

40. Miguel de Cervantes, *Don Quixote*, livro I, Cap. 17.
41. Voltaire, *Candide*, trad, e ed. Robert M. Adams, New York, 1968, p. 8.
42. Flaubert, *Madame Bovary*, trad. E. Marx-Aveling, London, 1957, p. 134.

Christina Pontifex, em *The Way of all Flesh*, tem devaneios que só podem ser chamados de líricos:

> Christina disse que a vontade era simplesmente fraudulenta, e estava convencida de que poderia ser frustrada se ela e Theobald seguissem o caminho certo para o trabalho. Theobald, ela disse, deveria comparecer diante de Lorde Chanceler, não em plena corte mas no gabinete, onde ele poderia explicar o assunto todo; ou, talvez fosse melhor que ela mesma fosse – e não ouso confiar em mim mesmo para descrever o devaneio a que deu origem esta última ideia. Acredito que no final Theobald morreu, e o Lorde Chanceler (que enviuvara poucas semanas antes) fez a ela uma oferta, que, não obstante, ela declinou firmemente, mas não sem agradecer; ela, disse, continuaria sempre a pensar nele como amigo – neste ponto chegou a cozinheira, dizendo que o açougueiro havia telefonado, e queria saber o que ela gostaria de pedir[43].

Nas obras de onde foram tirados estes exemplos, a autoimagem ou visão de mundo da personagem se revela diferentemente como falsa. O impossível otimismo de Pangloss, por exemplo, é ironizado principalmente pelo que acontece a ele e a seus companheiros; o melhor de todos os mundos possíveis é mostrado cheio de doenças, violência, vício, fraude, desastres naturais, religião e guerra. A teoria da educação de Gradgrind é ironizada por aquilo a que ela leva: a próxima destruição das vidas de seus próprios filhos. Desde o começo, Dickens coloca o leitor contra Gradgrind, ao dar-lhe tal nome, ao descrevê-lo como se fosse um objeto manufaturado – "dedo indicador quadrado... parede quadrada da testa... casaco quadrado, pernas quadradas, ombros quadrados" e muito mais – e ao dar a este capítulo de abertura o irônico título de "A Única Coisa Necessária". Jane Austen, do mesmo modo, exibe Sir Walter Elliot por suas próprias palavras e atos estúpidos, pelo resultado da história, contando-nos diretamente que ele é inútil, e, mais extensamente do que Dickens, por ironia verbal. De Sir Walter sabemos que "Ele considerava a bênção da beleza, inferior somente à benção de ser um baronete; e Sir Walter Elliot, que reuniu

---

43. Samuel Butler, *The Way of all Flesh*, Cap. 37.

estes dons, era o objeto constante de seu mais ardente respeito e devoção" (Cap. 1).

A Ironia Verbal da parte do narrador é mais característica dos romances setecentistas e oitocentistas do que dos deste século. Desde Flaubert e James, mais e mais romancistas passaram a acreditar que "a arte da ficção não começa até que o romancista considere sua história um assunto a ser *mostrado*, a ser tão exibido que ele se contará"[44]. A supressão ou personificação do narrador livrou-nos do escritor irritantemente intrometido com sua confidencialidade de "caro leitor", mas também tornou impossíveis, entre outros efeitos úteis e desejáveis, os tipos especiais de ironia romancística mais bem exemplificados por Fielding mas também a ser encontrados em Sterne, Jane Austen, Thackeray e George Eliot, e também em Flaubert e James. No *Tom Jones*, de Fielding, a dimensão irônica de autor é de tão grande importância estética que podemos chamar a obra não tanto de um romance quanto de um roteiro turístico através de um romance, um roteiro altamente inusual, onde as palavras do guia têm valor igual ao que ele está mostrando.

> Na verdade, ela estava tão longe de lamentar a falta de beleza, que nunca mencionou esta perfeição (se assim se pode chamar) sem desdém; e agradecia muitas vezes a Deus por não ser tão bonita quanto Miss Fulana, a quem a Beleza levou talvez a cometer erros, que de outra maneira ela poderia ter evitado. Miss *Brígida Toda-Pura* (pois esse era o nome desta senhora) concebia muito acertadamente que os encantos pessoais de uma mulher não passam de armadilhas para ela própria, bem como para outros; e não obstante tão discreta era ela em sua conduta, que sua prudência estava sempre em guarda, como se tivesse a temer todas as armadilhas que então foram armadas para todo o seu sexo. Na verdade, observei (embora isto possa parecer inenarrável ao leitor) que esta sentinela da prudência, como as tropas adestradas, está sempre pronta a cumprir o dever onde houver o perigo menor. Muitas vezes, infame e covardemente, abandona aqueles padrões segundo os quais os homens estão todos desejando, suspirando, morrendo, e estendendo cada rede de que dispõem; e constantemente se prende aos calcanhares daquela ordem superior das mulheres, pela qual o outro sexo tem um respei-

---

44. Percy Lubbock, *The Craft of Fiction*, London, 1921, p. 62. Ver Wayne C. Booth, *The Rhetoric of Fiction*, 1961, passim.

to mais distante e sublime, e à qual (por desesperar, suponho, do bom êxito) nunca se arriscam a atacar[45].

Este método de um autor de ironizar uma personagem é específico do romance; numa peça de teatro uma personagem pode falar ironicamente de outra, mas nunca pode falar com a autoridade absoluta do escritor. Outros métodos de expor a visão falsa ou inadequada que uma personagem tem de si mesma ou do mundo em geral também pode ser encontrados em peças teatrais e aqui o que é característico do romance não é o método, mas a escolha do objeto irônico, o enfoque maior do caráter e da vida íntima das personagens. Como se pode explicá-lo? No tópico anterior, tentei mostrar que os tipos de ironia característicos do drama eram o resultado da interiorização de uma dualidade inerente, teatro *versus* drama, a introdução na própria peça de seu contexto teatral imediato (texto, produção, representação e plateia). Será que podemos mostrar agora que existe algo na natureza do romance que favoreceria o aparecimento do tipo de ironia ilustrado nas últimas e poucas páginas? Acho que podemos e que a resposta rápida é que o romance se desenvolveu nos últimos dois ou três séculos como a forma mais bem adaptada para falar da vida íntima de homens e mulheres que vivem em nossa complexa sociedade moderna.

Talvez a coisa mais significativa que se pode dizer sobre a ficção em prosa é que há notavelmente pouca coisa a dizer sobre ela em geral. Nenhuma outra forma é tão informe; ou, em outras palavras, nenhuma forma é tão aberta à diversidade formal em termos de extensão, ordenamento cronológico do material, e modo de narração e avaliação, para mencionar apenas os elementos mais óbvios. Mesmo que ponhamos de lado o conto e a novela, esquecendo convenientemente a natureza altamente arbitrária da divisão genérica que nos capacita a fazê-lo, o que podemos dizer do romance senão que é um relato ficcional relativamente longo do pensamento e sentimento humano, da fala e ação

45. Henry Fielding, *Tom Jones*, livro I, Cap. 2.

num ambiente social? O que mais têm em comum *O Asno Dourado* e *A Bacia de Ouro*, *Tristram Shandy* e *A Ilha do Tesouro*, *Os Últimos Dias de Pompéia* e *No Ano Passado em Marienbad*, *Nós* e *Watt*?

O que talvez seja da maior importância é o fato de que a prosa de ficção, ao contrário do drama, não prende sua plateia, o leitor individual, a um tempo de representação. A liberdade do leitor de ler à sua própria vontade, de parar, de reler e de refletir possibilita várias coisas. Permite maior extensão, portanto expansão maior e detalhe mais refinado, portanto complexidade, portanto explanação, reflexão e deliberação. Afasta a necessidade de prender a atenção da plateia por ser, de um lado, "teatral" e "dramático" e, de outro, imediata e facilmente inteligível. Permite, em vez disso, eventos que são simplesmente interessantes e provocadores de ideias; Thomas Mann, em sua "A Arte do Romance"[46], cita Schopenhauer quando diz que a "tarefa do romancista não é narrar grandes eventos, mas tornar interessantes os pequenos". Tudo isto aponta para uma direção, para o romance como a forma que aplicamos na experiência de compreender uma existência social subjetivizada.

As três últimas palavras pretendem sugerir uma dualidade de vida interna e externa e portanto oportunidade de observação irônica. Servirão também para distinguir o romance da ficção de visão única, seja o *roman d'aventures*, o romance picaresco ou o *thriller* que se limita principalmente ao mundo exterior, seja o romance lírico da vida íntima de um indivíduo. Uma prova das mudanças históricas que introduziram um aumento da consciência do eu e, consequentemente, uma crescente antítese entre mundo interior e mundo exterior pode ser encontrada na lexicologia (um enorme aumento, em todo o século XVII, de palavras compostas iniciadas com "auto", inclusive a própria "autoconsciência"), na religião (no auto de edificação do século XV Everyman é salvo por suas Boas Ações; o Cristão, no

---

46. Thomas Mann, *The Creative Vision*, ed. Haskell M. Block e Herman Salinger, 1960.

*Pilgrim's Progress* (1678) é protegido e salvo por suas qualidades interiores, seus companheiros Fiel e Esperançoso), na filosofia (a mudança, a partir de Descartes, da ontologia para a epistemologia, para a mente como a principal preocupação da filosofia ou mesmo como a única realidade), e na teoria literária (Aristóteles em sua *Poética* subordina claramente a personagem à ação, mas Dryden, em seu *Essay of Dramatic Poesy*, pensava claramente que aquilo que acontece e aquilo que é feito é menos fundamental do que as reações das personagens a isso: "A plateia... observa os movimentos de suas mentes, tanto quanto as mudanças de suas fortunas. Pois representar aqueles é obra propriamente de um poeta; estas ele tira do historiador").

A este aumento de introspecção deve-se acrescentar o crescimento complementar do conceito do mundo exterior como supercomplexo, desumanizado e alienador: em vez da cidade a metrópole, em lugar do mercado local as forças globais do mercado, em vez do nobre rural e do rei a máquina da burocracia e a contagem dos votos, em lugar da oficina o componente de produção em massa, em vez dos desígnios de Deus a teoria do *big bang* e a segunda lei da termodinâmica.

Um e outro desenvolvimento fornece ocasião para ironia. O romancista irônico pode, de um lado, "romantizar" a vida interior de suas personagens e, de outro, "banalizar" o contexto social delas. Assim, o sonho extravagante de Christina Pontifex de casar-se com o Lorde Chanceler é detido pela necessidade de fazer um pedido de carne; aqui Butler mostra que compreendeu o princípio do alto-contraste. O incidente é, naturalmente, sintomático da incapacidade geral de Christina Pontifex de sair do casulo de sua educação anglicana de classe média e ver o mundo em outros termos que não os mais subjetivos. Não que o mundo de açougueiros e barbeiros, de moinhos de vento e máquinas de algodão, represente alguma realidade absoluta. De fato, o que *Hard Times*, de Dickens, discute é que a "objetividade" de Gradgrind, sua rejeição da fantasia, é ela mesma uma ilusão falsa e perigosa, tão vulnerável à ironia quanto os sonhos de Christina ou Emma Bovary.

A teoria do romance de Lukács torna-se relevante neste ponto. Para Lukács, o mundo da épica homérica era uma totalidade que antecipava a divisão em mundo interior e mundo exterior. Esta totalidade, uma vez "dada", existe agora apenas como o objeto de uma busca, como um ideal, o de reintegrar subjetividade e objetividade, de reunir numa forma nova o que a história foi empurrando para o lado, ou seja, uma vida particular alienada e uma vida pública inexpressiva e alienadora, uma se empobrecendo à medida que a outra se desintegra. Este ponto de vista nos dá condições de ver em *Don Quixote* mais do que a história de um homem que, graças à leitura excessiva de romances de cavalaria, ficou louco a ponto de confundir estalagens com castelos e tornou-se assim o alvo da zombaria irônica de Cervantes. O que Lukács nos mostra é algo mais interessante, a consciência, que Cervantes adquiriu em primeira mão, de um mundo que já é alienador:

O primeiro grande romance da literatura mundial remonta ao começo dos tempos em que o Deus cristão começou a desertar o mundo; em que o homem ficou solitário e só podia encontrar sentido e substância em sua própria alma, cujo lar era nenhures; em que o mundo, liberto de sua paradoxal ancoragem num além que está verdadeiramente presente, foi abandonado à imanência do seu não-sentido [...] Cervantes viveu na época do último, grande e desesperado misticismo, na época de uma tentativa fanática de renovar a partir de dentro a religião que agonizava; [...] uma época de grande confusão de valores em meio a um sistema de valores até agora imutado. E Cervantes, o fiel cristão e patriota ingenuamente leal, expôs criativamente a essência mais profunda de sua problemática demoníaca: o heroísmo mais puro é compelido a tornar-se grotesco, a fé mais forte é compelida a tornar-se loucura, quando os caminhos que levam ao lar transcendental se tornaram impraticáveis; a realidade não tem de corresponder à evidência subjetiva, embora genuína e heroica[47].

Este ponto de vista torna a ironia não só mais sombria como também mais complexa, já que podemos vê-la dirigida contra "a vulgaridade prosaica da vida exterior" bem

47. Georg Lukács, *The Theory of the Novel*, trad. Anna Bostock, London, 1971, p. 103-104.

como contra um herói que a história deixou para trás e é incapaz de compreender a nova forma que a vida social estava assumindo.

Para Lukács, qualquer romance ocidental que realmente reflita seu contexto social será necessariamente uma história de dissonância, colapso ou fracasso, onde a vida interior e exterior se tornou totalmente dispare uma em relação à outra. O herói não pode realizar seu desejo interior de compreender seu mundo ou estabelecer sua identidade, e qualquer sucesso que ele possa ter (Lukács cita *Hans im Glück*, de Pontoppidan) prova ser ilusório ou inadequado. Daí a natureza essencialmente ironigênica do romance. Mas dizer que o romancista pode ver e apresentar a seus leitores a ironia do inevitável fracasso de seu herói é subentender apenas sua compreensão do problema, não sua abolição; existe ainda o passo seguinte de ver sua própria obra à mesma luz, como sendo ela mesma uma tentativa de compreender o mundo e, assim, igualmente aberta à ironia.

Neste ponto, deveríamos lembrar-nos da Ironia Romântica de Friedrich Schlegel e Karl Solger, e de fato Lukács se refere ao conceito de ironia desses autores como o "auto-reconhecimento e, com ele, a auto-abolição da subjetividade"[48]. O reconhecimento irônico pelo romancista de seu próprio predicamento irônico, embora a melancolia não seja tão negra como seria uma capitulação não-irônica, Lukács explica:

> Enquanto a ironia dá forma à realidade enquanto força vitoriosa, revela não só que a realidade é como nada diante de seu oponente derrotado, não só que a vitória da realidade nunca pode ser uma vitória final, que sempre será, muitas vezes, desafiada por novas rebeliões da ideia, mas também que a realidade deve sua vantagem não tanto à sua própria força, que é demasiado crua e sem direção para manter a vantagem, quanto à problemática interna (embora necessária) da alma acabrunhada por seus ideais[49].

Ou mais poeticamente:

48. Idem, p. 74.
49. Idem, p. 86.

A ironia dá forma à maliciosa satisfação do Deus criador diante do fracasso das fracas rebeliões do homem contra sua poderosa criação, ainda que sem valor, e ao mesmo tempo ao inexprimível sofrimento do Deus redentor diante da incapacidade de voltar a este mundo. A ironia, a auto-superação de uma subjetividade que chegou tão longe quanto era possível chegar, é a mais alta liberdade que se pode conseguir num mundo sem Deus. É por isso que ela não é a única condição *a priori* possível de uma objetividade verdadeira, criadora de totalidade, mas também é por isso que ela torna essa totalidade – o romance – a forma de arte representativa de nosso tempo[50].

A ironia que Lukács considera a "mentalidade normativa do romance" é a Ironia Romântica. Como vimos no Capítulo 2, a Ironia Romântica, como programa artístico, tem um duplo objetivo: pela incorporação da autoconsciência do artista, imbuir a obra criada (que como tal pode apenas ser limitada e parcial) da dinâmica do processo criativo, e ao mesmo tempo mas ao contrário, inventar uma forma de exprimir esta ilusão artística de autocriatividade. Uma obra de sucesso no modo de Ironia Romântica parecerá ser arte elevada a um poder superior, uma obra cuja matéria-prima já era arte. Terá o frescor da espontaneidade e a urbanidade do controle artístico total. Gerará a sensação paradoxal de uma infinidade fechada como em quadros *mise en abime* (a figura no pacote da Aveia Quaker é pintada segurando um pacote de Aveia Quaker no qual ela está pintada etc.) ou como nos espelhos opostos em uma das salas do Schönbrunn de Viena ou um sentimento de dialética infinita como naqueles desenhos que aparecem ora como um cubo sólido, ora como uma caixa oca. Como diz Friedrich Schlegel num fragmento de apontamento,

A total submersão no sentimento *[Sentimentalität]* ou na inventividade *[Fantasie]* pode conduzir a um tipo de Romantismo, mas somente com o mais alto grau de ambos será criada esta tensão de opostos que é o Romantismo absoluto ou a Ironia Romântica[51].

50. Idem, p. 92-93.
51. *Friedrich Schlegel: Literary Notebooks, 1797-1801*, ed. Hans Eichner, Toronto, 1957, p. 84.

Ao meu ver, os exemplos mais claros de Ironia Romântica, talvez porque mais conscientemente exemplares, devem ser encontrados não no período romântico, mas no começo do século XX, nos romances de Thomas Mann, um contemporâneo de Lukács e tema de um de seus estudos. Thomas Mann foi um estudioso conscencioso da literatura e dos estudos literários e, como tal, de modo nenhum estranho à teoria da Ironia Romântica de Schlegel. De fato, ele mesmo disse uma vez que "o problema da ironia" era "sem exceção o mais profundo e o mais fascinante do mundo"[52]. Podemos escolher quase qualquer uma de suas obras para exemplificar a Ironia Romântica, mas me restringirei ao seu *Doutor Fausto* (1947).

Ao planejar este romance, Thomas Mann coloca suas vistas muito alto. Mas, como um verdadeiro schlegeliano, ele sabia que ninguém pode seriamente propor realizar grandeza sem imediatamente introduzir uma nota falsa. A solução não era deixar de tentar, mas escrever deliberada e audaciosamente a nota falsa dentro da obra – na pessoa de um narrador que fosse uma paródia do próprio Thomas Mann, culto, com alta educação e bem-intencionado mas antiquado, sério, mesmo algo pomposo e portanto ridículo. Este narrador ironizado, Zeitblom, funcionaria como um condutor de para-raios; atrairia e absorveria qualquer que fosse a *hybris* que houvesse nas intenções da obra e Thomas Mann poderia seguramente ser tão ambicioso quanto gostaria.

Como o título indica, o romance é uma versão moderna da lenda quinhentista do Fausto, mais uma numa série de modernizações que inclui a peça de Goethe. Portanto, é sem sombra de dúvida uma obra "literária". Ao mesmo tempo, pretende não ser literatura, mas biografia: "A vida do compositor alemão Adrian Leverkühn, contada por um amigo". Contudo, mal a biografia começou e Zeitblom descobre que, efetivamente, para relatar realidades ele deve obedecer às regras da arte e (como diz Schlegel) não deixar

---

52. Thomas Mann, "Goethe and Tolstoy", *Essays of Three Decades*, trad. H. T. Lowe-Porter, London, 1947, p. 122.

escapar tudo imediatamente, mas praticar a autolimitação. Mas então moldar a obra de uma pessoa e tomar-se assim um artista criativo implica a necessidade de distanciar-se do tema dessa pessoa, e isso constitui uma traição ousada dos verdadeiros sentimentos da pessoa.

Em resumo, a arte é ao mesmo tempo necessária e inadequada para uma verdadeira interpretação da vida. Esta verdade, que encontramos expressa no capítulo de abertura, é um dos temas principais de toda a obra. A vida do compositor Adrian Leverkühn é o registro da busca de um meio de sair de um impasse musical. O que deve fazer um gênio musical quando "percebe" e domina sem esforço todo dispositivo e efeito da música a ponto de qualquer peça musical, por mais encantadora que seja, lhe parecer sua própria paródia? Isto não é um problema apenas da música, e *Doutor Fausto* não é apenas a vida de um músico (incorporando a história da música ocidental desde a invenção da polifonia através da subjetividade harmônica e da autoconsciência sofisticada da paródia musical até uma ingenuidade de segunda ordem), mas uma obra que, polifonicamente, entretece uma vista geral e uma definição de germanidade, concebida cultural e politicamente, e ao mesmo tempo exemplifica e discute a problemática da arte moderna. Mas se, num nível, a arte e a vida são mostradas como se pudessem conviver separadamente, em outro elas são identificadas. Não só o herói representa a Alemanha – que desmorona na loucura de 1930 juntamente com o colapso da República de Weimar – mas tanto a música moderna como a Alemanha moderna enfrentaram uma necessidade imperativa de irromper ou abrir caminho num mundo radicalmente novo.

Do mesmo modo que institui, ironicamente, a condição de barreira de um narrador ficcional para fugir dos riscos de levar sua arte demasiado a sério, Thomas Mann, com igual ironia, também se protege da acusação contrária de que a arte se tornou um jogo, uma irrelevância, uma mentira, convertendo esta acusação no tema principal de seu romance e transformando sua ficção em história e documentação. Mais de um episódio na vida de seu herói é tirado da vida de Nietzsche, quase todas as outras personagens têm um modelo na vida real, e mesmo uma nota de suicídio escrita pela irmã de Thomas Mann é reproduzida *verbatim*. Confessa ser, como Joyce, incapaz de admitir, em matéria de estilo, outra coisa senão a paródia, que, na medida em que é um refuncionamento de algo que já existe, tem um elemento do autêntico. A invenção, tanto quanto possível, é reduzida à montagem, ao arranjo de coisas não inventadas. Mas Mann não é como o autor de *In Cold Blood*; ele não escreve "facção", pois isto é abandonar a dialética irônica de fato e ficção, necessidade e liberdade. Isto é um outro tema em *Doutor Fausto*, assim como era uma corrente na teoria da Ironia Romântica de Schlegel.

Rocei apenas de leve neste romance infinitamente elaborado, mas talvez tenha dito o suficiente para mostrar que a "solução" de Thomas Mann para aquilo que ele viu como a versão século XX da impossibilidade de reconhecer subjetividade e objetividade, sentimento e forma, arte e vida era com efeito a "solução" elaborada, embora com mais otimismo, por Friedrich Schlegel, ou seja, reconhecer e mesmo fundamentar de antemão, dentro da própria obra, as necessárias limitações da arte e do artista, recuperar a espontaneidade da criatividade ingênua, transformando o esforço determinado em jocosidade irônica, e realizar ao mesmo tempo a sinceridade e uma aparência de objetividade por meio de

aquela ironia que brilha em ambos os lados, que joga às ocultas e irresponsavelmente – todavia não sem benevolência – entre os opostos, e não tem grande pressa em tomar partido e chegar às decisões; guiada como é pela conjectura de que em grandes temas, em matéria de humanidade, toda decisão pode demonstrar-se prematura; de que a verdadeira meta a alcançar não é decisão, mas harmonia, acordo. E harmonia, em matéria de contrários eternos, pode jazer na infinidade[53].

A harmonia que jaz na infinidade é antes como que o ângulo subtendido no encontro de linhas paralelas, e suspeita-se que o próprio Mann estivesse aludindo a alguma

53. Thomas Mann, op. cit., 1947, p. 173.

semelhança desse tipo. Não obstante, sua atitude irônica é, em última análise, apoloniana ou, como diria Kierkegaard, a de uma "ironia dominada" que tivesse por trás de si o peso e a autoridade do temperamento distinto de Mann.

No final do Capítulo 2, citei Roland Barthes que elogiava Flaubert por manusear "uma ironia cheia de incerteza... de modo que nunca se sabe se ele é responsável por aquilo que escreve (se existe um tema individual por trás de sua linguagem)". Esta disjunção da escrita como algo independente da comunicação está agora muito difundida. Na medida em que ela equivale a uma negação tanto da mime-se quanto da relevância da intencionalidade, pode muito bem ter sido, como o ouvi explicado, uma tradução, da parte da esquerda intelectual francesa, da *refits de pouvoir* e da desconfiança da autoridade e propriedade dos marxistas franceses para os termos da teoria literária. Seja como for, qualquer distinção dessas entre escrever e comunicar *ipso facto* exclui a ironia como a defini. Ser irônico era para mim transmitir uma mensagem literal de tal maneira ou em tal contexto que provocasse uma resposta na forma de uma interpretação correta da intenção de alguém, o significado transliteral. Em suma, a Ironia (Instrumental) é um ato, não apenas uma insignificância. Para o escrever que é destinado a impedir a interpretação em termos de intenção, poder-se-ia usar a palavra "ironia" apenas, ao que parece, como um sinônimo de "incerteza", isto é, como uma palavra sem qualquer conteúdo adicional e, portanto, redundante.

O estabelecimento, nos anos recentes, na França e nos Estados Unidos, da crítica desconstrucionista baseada numa visão da escrita como, nas palavras de Jacques Derrida, "uma estrutura isolada de qualquer responsabilidade absoluta ou da consciência como autoridade última"[54], conduzirá provavelmente a um reconhecimento da decrescente utilidade para a crítica literária do termo "ironia". Parece menos provável que a utilidade do termo adiará a instauração do Desconstrucionismo ou de algum movimento relacionado.

54. Jonathan Culler, *Structuralist Poetics*, London, 1975, p. 132.

# BIBLIOGRAFIA

O número de obras em inglês que tratam exclusivamente da natureza, conceito ou história da ironia não é grande, mesmo que incluamos os artigos. Há menos ainda em francês, embora muito mais em alemão. As bibliografias extensivas mais recentes se achamem Hans-Egon Hass (comp.), *Ironie als Literarische Phänomen*, Köln, 1973, e Wayne C. Booth, *A Rhetoric of Irony*, Chicago, 1974. O número de artigos sobre ironia em autores ou obras individuais não tem conta.

## *Obras Gerais em Inglês, inclusive Traduções*

COLLINS, A. *A Discourse Concerning Ridicule and Irony in Writing*, London, 1729.

Seu uso exaustivo e extensivo de exemplos, a natureza representativa de seus argumentos, e a ênfase de sua orientação torna-a um marco na história do interesse geral pela ironia. (Knox)

SCHLEGEL, F. *Friedrich Schlegel's* Lucinde *and the Fragments*, trad. Peter Firchow, Minneapolis, 1971.

A novela curta, *Lucinde* (1799), exemplifica a Ironia Romântica, mas de modo imperfeito. Muito do que Schlegel disse sobre a Ironia Romântica pode ser encontrado em meio aos Fragmentos (1797-1800) e no ensaio divertido "Da Incompreensibilidade".

THIRLWALL, C. "On the Irony of Sophocles" em *The Philological Museum*, vol. II, 1833, e em *Remains, Literary and Theological*, ed. J. Stewart Perowne, vol. Ill, London, 1878.
Há um resumo substancial da parte teórica deste ensaio (essencial para a história do conceito de ironia) em Thompson, *The Dry Mock*.

KIERKEGAARD, S. *The Concept of Irony, with Constant Reference to Socrates*, 1841, trad. Lee M. Capel, London, 1966.
Compensador para aqueles que têm alguma familiaridade com os conceitos da filosofia alemã do século XIX, difícil para aqueles que não o têm.

PIRANDELLO, L. *On Humor*, 1920, ed. e trad. Antonio Illiano e D. P. Testa, Chapel Hill, 1975.
O humor de Pirandello está próximo da ironia, particularmente do que se pode chamar a ironia geral do auto-engano inevitável.

THOMPSON, J. A. K. *Irony: An Historical Introduction*, London, 1926.
Lida apenas com autores gregos e latinos, inclusive oradores e historiadores.

CHEVALIER, H. *The Ironic Temper: Anatole France and his Time*, New York, 1932.
O Capítulo 2 e o Capítulo 6 discutem a ironia em geral.

SEDGEWICK, G. G. *Of Irony, Especially in Drama*, 1935, 2a ed., Toronto, 1948.
Um capítulo valioso sobre a história do conceito de ironia, embora enganoso sobre a Ironia Romântica. Outros capítulos sobre "Ironia no Drama", "Os Jogos de Clitemnestra" e *Othello*.

MANN, T. "Die Kunst des Romans", 1939, trad, como "The Art of the Novel", *The Creative Vision*, ed. Haskell M. Block e Herman Salinger, New York, 1960.
Sobre a relação entre a ironia e o romance "épico".

WORCESTER, D. *The Art of Satire*, Cambridge, Mass., 1940.
Capítulo 4, "Ironia, a Aliada da Comédia"; Capítulo 5, "Ironia, a Aliada da Tragédia"; Capítulo 6, seção IV, "Renascimento da Ironia"; seção V, "Esfinges sem Segredos". Uma obra eminentemente agradável de ler.

THOMPSON, A. R. *The Dry Mock, A Study of Irony in Drama*, Berkeley, 1948.
Tenta uma teoria coerente da ironia, mas define ironia com exclusividade demais. Principais ironistas discutidos: Tieck, Pirandello, Molière, Shaw, Esquilo, Sófocles, Euripides e Ibsen. Uma obra importante.

BROOKS, C. "Irony and Tronic' Poetry", *College English*, IX (1948), p. 231-237, revista como "Irony as a Principle of Structure" para *Literary Opinion in America*, ed. Morton Zabel, New York, 1951 (ed. rev.), p. 729-741. Ver também Brooks, *The Well-Wrought Urn*, London, 1940.
Um ensaio influente que estendeu (e enfraqueceu) o conceito de ironia. Criticado por R. S. Crane, em "The Critical Monism of Cleanth Brooks", *Critics and Criticism*, ed. R. S. Crane, Chicago, 1952, p. 83-107, e por William Righter, *Logic and Criticism*, London, 1963.

WELLEK, R. *A History of Modern Criticism 1750-1950; 11: The Romantic Age*, London, 1955.
Valioso por sua explicação dos teóricos alemães.

FRYE, N. *Anatomy of Criticism*, Princeton, 1957.
Uma tentativa de relacionar a ironia com outros tipos de escritura e de definir seu lugar na evolução da literatura imaginativa.

GUREWITCH, M. L. *European Romantic Irony*, tese de Ph. D. (1957), Ann Arbor, 1962.
Uma interessante introdução geral com discussões de Byron, Baudelaire, Büchner, Carlyle, Flaubert, Théophile Gautier, Heine, Leopardi, Alfred de Musset e Stendhal.

WATT, I. "The Ironic Tradition in Augustan Prose from Swift to Johnson", *Restoration and Augustan Prose*, Los Angeles, 1957.
Algumas observações valiosas sobre a relação entre a ironia e a prosa do século XVIII.

BOOTH, W. C. *The Rhetoric of Fiction*, Chicago, 1961.
Um tratamento indispensável dos perigos da ironia em métodos narrativos "impessoais" e de "ponto de vista".

KNOX, N. *The Word IRONY and Its Context, 1500-1755*, Durham, N.C., 1961.
Um relato detalhado, erudito, do desenvolvimento do conceito de ironia dentro do período indicado.

HUTCHENS, E. *Irony in* Tom Jones, Alabama, 1965.
Tem um capítulo introdutório sobre o caráter da ironia e uma interessante classificação de tipos de Ironia Verbal.

HATFIELD, G. W. *Henry Fielding and the Language of Irony*, Chicago e London, 1968.
De interesse mais amplo do que pode sugerir o título.

GLICKSBERG, C. I. *The Ironic Vision in Modern Literature*, Haia, 1969.
A primeira obra a ser dedicada totalmente à Ironia Geral. Discute uma ampla gama de escritores europeus, mas tende a fazê-los parecer os mesmos.

MUECKE, D. C. *The Compass of Irony*, London, 1969, reimp. 1980.
A Parte I discute a natureza da ironia e ilustra com algum detalhe os tipos principais. A Parte II lida principalmente com a Ironia Geral e a Ironia Romântica e tenta relacionar o desenvolvimento destas com desenvolvimentos da história do pensamento europeu.

STATES, B. O. *Irony and Drama: A Poetics*, Ithaca e London, 1971.
Sobre a inversão irônica como característica da estrutura dramática. Da autoria de um seguidor de Kenneth Burke. Muitas peças são estudadas nesta obra.

KNOX, N. "Irony", *Dictionary of the History of Ideas*, ed. Philip P. Wiener, New York, 1973, vol. II, p. 626-34; "On the Classification of Ironies", *Modern Philology*, 70 (agosto 1972), p. 53-62.

BOOTH, W. C. *A Rhetoric of Irony*, Chicago, 1974.
Um exame claro dos problemas e prazeres na interpretação da ironia.

FUSSELL, P. *The Great War and Modern Memory*, New York, 1975.
Sobre o aumento da consciência irônica no período moderno.

MELLOR, A. K. *English Romantic Irony*, Cambridge, Mass. e London, 1980.
Um exame muito claro da Ironia Romântica no Capítulo 1. Outros capítulos sobre Byron, Keats, Carlyle, Coleridge e Lewis Carroll trabalham um terreno novo.

## Obras Gerais em Outras Línguas

JANKÉLÉVITCH, V. *L'Ironie, ou La Bonne Conscience*, 1936, 2a ed. (rev.), Paris, 1950.
Uma obra brilhante, na verdade fascinante, num nível bastante geral. Deve muito a Kierkegaard. Resenhada por Wilson O. Clough, "Irony: A French Approach", *Sewanee Review*, XLVII, 1939, p. 175-83.

ALLEMANN, B. *Ironie und Dichtung*, Pfullingen, 1956.
Sobre a ironia na literatura alemã de Schlegel a Musil.

STROHSCHNEIDER-KOHRS, I. *Die romantische Ironie in Theorie und Gestaltung*, Tübingen, 1960, 2ª ed., 1977.
A obra definitiva sobre Ironia Romântica.

BEHLER, E. *Klassische Ironie, romantische Ironie, tragische Ironie, Zum Ursprung dieser Begriffe*, Darmstadt, 1972.

BOURGEOIS, R. *L'Ironie romantique*, Grenoble, 1974.
Um capítulo introdutório sobre Ironia Romântica e os capítulos sobre escritores franceses do período, inclusive Constant, Stendhal e Nerval.

*POÉTIQUE*, novembro de 1978. Um número especial sobre ironia.

# ÍNDICE

Abel, Lionel, 105
Albee, Edward, *Who's Afraid of Virginia Woolf?* 101
Almansi, Guido, 23
Amiel, Henri-Fréderic, 46, 47, 67, 68
Anouilh, Jean, 97
Arbuthnot, John, *The History of John Bull*, 33
Ariosto, Ludovico, 18
Aristófanes, 18,47; *As Rãs*, 105; *Os Cavaleiros*, 105; *Tesmofórias*, 106
Aristóteles, 30, 31, 58, 91, 115
Arnold, Matthew, *Essays in Criticism*, 62; *Sohrah and Rustum*, 75
Auden, W. H., 20
Austen, Jane, 18, 31, 73, 113; *Emma*, 31; *Northanger Ahey*, 56; *Pride and Prejudice*, 59; *Persuasion*, 109,112
Bacon, Francis, 68

Barthes, Roland, 48,123
Baudelaire, Charles, 18,47
Bayley, John, 84
Beaumont, Francis e Fletcher, John, *The Knight of the Burning Pestle*, 103
Beckett, Samuel, *Watt*, 64; *Krapp's Last Tape*, 97
Beerbohm, Max, 73
*Beowulf*, 30
*Bíblia, A*, Êxodo, 30; João, 62; Jó, 67; Salmos, 68
Boccaccio, Giovanni, 18
Booth, Wayne C, 31, 58-60, 70, 113
Brecht, Bertolt, 18; "A Solução", 79
Brooks, Cleanth, 23
Browne, Sir Thomas, 33
Browning, Robert, 109
Bunyan, John, *Pilgrim's Progress*, 115
Burke, Kenneth, 93

*131*

Burns, Robert, "Holy Willie's Prayer", 109
Burton, Robert, 33
Butler, Samuel, 24, 47, 52; *The Way of all Flesh*, 111 e s., 116
Byron, Lord, 18

Capote, Truman, *In Cold Blood*, 122
Carroll, Lewis, *Sylvie and Bruno Concluded*, 53
Catulo, 18
Cervantes, Miguel de., 18; *Don Quixote*, 41,47, 110, 117
Chaucer, Geoffrey, 18, 48; *The Canterbury Tales, General Prologue*, 24, 52, 78, 79, 83; *The Merchant's Tale*, 78,79
Chevalier, Haakon, 52,53
Cicero, 18,31-33,44,68
Cleghorn, Sarah N., "The Golf Links Lie So Near the Mill", 25,52,57
Corneille, Pierre, *Le Cid*, 65

Daniel, George, 33
Dante Alighieri, 68
Da Vinci, Leonardo, 57
Defoe, Daniel, *The Shortest Way with the Dissenters*, 33
Demóstenes, 31
Derrida, Jacques, 123
Descartes, René, 115
Dickens, Charles, *Hard Times*, 111, 112,116
Diderot, Denis, 18; *Jacques le fataliste*, 41, 98; *Supplement to Bougainville's Voyage*, 86
Dostoiévski, Fiodor, 18
Dryden, John, 32; *Defence of an Essay of Dramatic Poesy*, 84; *Essay of Dramatic Poesy*, 116

Eliot, George, 113
Eliot, T. S., 97; *The Cocktail Party*, 90; "A Canção de Amor de J. Alfred Prufrock", 23
Empson, William, 16, 23, 45
Ésquilo, 18

Estienne, Henri, 27
Eurípides, 18, 106; *As Bacantes*, 91, 97, 105; *Ifigênia em Aulide*, 104, 105
Evans, Bertrand, 75
Everyman, 115

Feydeau, Georges, 64
Fielding, Henry, 31, 33, 34; *Jonathan Wild*, 33; *The Temple Beau*, 33; *Tom Jones*, 108, 113
Flaubert, Gustave, 18, 31, 48, 68, 69, 112, 113, 123; *Dictionnaire des idées recues*, 65; *Madame Bovary*, 111, 116
Fontenelle, Bernard de, 67
France, Anatole, 21, 70; *Penguin Island*, 53, 66
Frayn, Michael, 24, 52, 82
Freud, Sigmund, *Jokes and their Relation to the Unconscious*, 60, 66, 67
Frye, Northrop, 26, 52, 68

Gaultier, Jules de, 47 Gautier, Théophile, 26, 37, 52
Gay, John, *A Ópera do Mendigo*, 24, 33,52, 84
Genet, Jean, *O Balcão*, 101
Gibbon, Edward, 18; *Decline and Fall of the Roman Empire*, 83, 85
Goethe, Johann Wolfgang, 18, 43, 67, 70; *Fausto*, 121; *Wilhelm Meister*, 69,109
Gogol, Nikolai, 18
*Goncourt Journal*, 16
Gozzi, Carlo, 43
Grass, Günter, *The Flounder*, 85

Hardy, Thomas, 48; *The Dynasts*, 26, 52
Hazzard, Shirley, *Transit of Venus*, 75
Hegel, Georg, 45, 47
Heine, Heinrich, 18, 47, 68
Henry, O., "Gift of the Magi", 108
Hibberd, Jack, *Who!*, 100
Homero, 18; *Odisseia*, 29, 30

Horácio, 18
Howard, Sir Robert, 84
Hynes, Samuel, 48

Ibsen, Henrik, 18, 97; *The Wild Duck*, 102

James, Henry, 18, 31, 112, 113
Jenyns, Soames, *Free Inquiry into the Nature and Origin of Evil*, 80, 81
Johnson, Samuel, 18, 25, 52, 53; *Review of Jenyns*, 80, 81
Johnson, Ben, *Volpone*, 97, 109
Joyce, James, 69, 121
Juvenal, 18

Kafka, Franz, 18
Kerbrat-Orecchioni, Christine, 60
Kierkegaard, Soren, 19, 44, 46, 61, 70, 82, 122
Knox, Norman, 34, 49, 64, 66, 71-72, 74

Langer, Susanne, 89
Leavis, F. R., 84
Levine, Donald, 16
Lubbock, Percy, 113
Lucano, 68
Luciano, 18, 68; *Venda de Vidas*, 34
Lucrécio, 68
Lukács, Georg, 108, 116-119

McCullers, Carson, *The Heart is a Lomely Hunter*, 25, 52-53, 56, 58, 109
Mann, Thomas, 18, 47; "A Arte do Romance", 67, 115; *Doutor Fausto*, 17, 27, 120-122; "Goethe e Tolstoy", 70, 120, 122; *Lotte in Weimar*, 70; *Meditações de um Homem Não-Político*, 21
Mellor, Anne K., 49
Meredith, George, 68
Meun, Jean de, *Roman de la rose*, 36
Milne, A. A., 54-57

Milton, John, 21
Misraki, Paul, 82
Molière, 18, 97; *Impromptu de Versailles*, 102; *Le Misanthrope*, 102
Montesquieu, Charles-Louis; *L'Esprit des lois*, 78
Mozart, Wolfgang Amadeus, *Don Giovanni*, 91
Murasaki, *O Conto de Genji*, 57
Musil, Robert, 18

Nashe, Thomas, 33
Nietzsche, Friedrich, 22, 47, 68, 81, 121

O'Connor, W. V., 57
Orwell, George, *Animal Farm*, 24, 52, 84

Pascal, Blaise, 18
Petersen, Lene, 58
Pinget, Robert, *Abel et Bela*, 101; *Identité*, 100
Pirandello, Luigi, 18, 100; *Seis Personagens à Procura de um Ator*, 91, 94-95
Platão, 18, 109; *A República*, 31, 63
Pontoppidan, Henrik, *Hans im Glück*, 118
Pope, Alexander, 18, 33; *The Narrative of Dr Robert Norris*, 33
Proust, Marcel, 18
Puttenham, Richard, 32

Quintiliano, 32-34

Racine, Jean, 18, 30; *Britannicus*, 67, 75, 103
Richards, I. A., 42-43
Righter, Anne, 105
Rodway, Allan, 64
Ryan, T. K., 27, 52
Rycroft, Charles, 83

Salinger, J. D., *O Apanhador no Campo de Centeio*, 86
Savage, Eliza Mary, 47

Schlegel, August Wilhelm, 35-36, 38, 42-43, 48
Schlegel, Friedrich, 35-37, 39-46, 69-70, 118-122
Schopenhauer, Arthur, 115 Schubert, G. H., 37
Sedgewick, G. G., 34, 38, 67
Shaftesbury, Terceiro Conde de, 33
Shakespeare, William, 18, 30, 36-38, 42-43, 48, 68, 94-95, 105-106; *All's Well that Ends Well*, 94; *As You Like It*, 56; *Coriolano*, 26, 52; *Hamlet*, 96, 100, 102; *Julius Caesar*, 37, 90, 92, 102; *Rei Henrique IV, Parte 2*, 37, 101; *Rei Henrique V*, 36; *King John*, 61; *King Lear*, 88, 91, 100-101; *Rei Ricardo II*, 102; *Rei Ricardo III*, 25, 52, 99; *Love's Labours Lost*, 74; *Macbeth*, 65, 101-102; *Measure for Measure*, 97; *A Midsummer Night's Dream*, 96; *Othello*, 55, 64, 67, 84, 97-98, 100-101; *Romeo and Juliet*, 98; *The Tempest*, 95-97; *Troilus and Cresside*, 100; *Twelfth Night*, 90, 102
Shaw, G. B., 18, 97
Sheridan, R. B., *The*; *Critic*, 95-96; *The Rivals*, 102; *The School for Scandal*, 75
Sócrates, 31, 33-35, 44, 83
Sófocles, 18, 30, 38; *Antigone*, 45, 56, 66; *Electro*, 44-46, 103, 108; *Édipo Rei*, 65, 67, 88, 100, 104, 106; *Filoctetes*, 45, 105
Solger, Karl, 35, 41, 43-45, 118
Spenser, Edmund, 53, *The Faerie Queene*, 53
Stendhal, 18

Sterne, Laurence, 113; *Tristram Shandy*, 41, 93
Stoppard, Tom, *Rosencrantz and Guildenstern are Dead*, 95, 106-107
Strohschneider-Kohrs, Ingrid, 37
Svevo, Italo, *The Confessions of Zeno*, 16
Swift, Jonathan, 18, 32; *The Bickerstaff Papers*, 33; *Directions to Servants*, 78; *Gulliver's Travels*, 59, 82; *Journal to Stella*, 32; *A Modest Proposal*, 59, 65, 69-70

Tácito, 18
Tchekhov, Anton, 18
Tennyson, Alfred, 68; "Lágrimas, Feias Lágrimas", 23
Thackeray, William, 113
Teofrasto, 31-32, 47, 54, 55
Thirlwall, Connop, 27, 38, 44-46, 52
Thompson, A. R., 22
Tieck, Ludwig, 35, 37
Tolstoi, Leon, 18
Tourneur, Cyril, *The Revenger's Tragedy*, 91
Tucídides, 18
Twain, Mark, 18; *Little Bessie Would Assist Providence*, 86; *Pudd'nhead Wilson*, 107-108

Van Laan, Thomas, 105
Villon, Francois, 18
Voltaire, 18; *Candide*, 111-112

Warren, Robert Penn, 42
Waugh, Evelyn, 57
Webster, John, *The Duchess of Malfi*, 38
Wodehouse, P. G., *The Code of the Woosters*, 57-58

Este livro foi impresso em Cotia,
nas oficinas da Meta Brasil,
para a Editora Perspectiva.